国家智库报告 2019(46)
National Think Tank

经济

新中国货币政策与金融监管70年

李扬 主编

70 YEARS OF MONETARY POLICY AND
FINANCIAL REGULATION IN THE PEOPLE'S
REPUBLIC OF CHINA

中国社会科学出版社

图书在版编目（CIP）数据

新中国货币政策与金融监管 70 年 / 李扬主编 . —北京：中国社会科学出版社，2019.10（2020.11 重印）
（国家智库报告）
ISBN 978 - 7 - 5203 - 5569 - 8

Ⅰ. ①新⋯　Ⅱ. ①李⋯　Ⅲ. ①货币政策—研究—中国②金融监管—研究—中国　Ⅳ. ①F822.0②F832.1

中国版本图书馆 CIP 数据核字(2019)第 291790 号

出 版 人	赵剑英
责任编辑	侯苗苗
责任校对	王　龙
责任印制	李寡寡

出　　版	中国社会科学出版社
社　　址	北京鼓楼西大街甲 158 号
邮　　编	100720
网　　址	http://www.csspw.cn
发 行 部	010 - 84083685
门 市 部	010 - 84029450
经　　销	新华书店及其他书店
印刷装订	北京君升印刷有限公司
版　　次	2019 年 10 月第 1 版
印　　次	2020 年 11 月第 2 次印刷
开　　本	787×1092　1/16
印　　张	13.5
插　　页	2
字　　数	181 千字
定　　价	59.00 元

凡购买中国社会科学出版社图书，如有质量问题请与本社营销中心联系调换
电话：010 - 84083683
版权所有　侵权必究

摘　　要

　　中华人民共和国成立 70 年来，我国的金融体系经历了巨大的发展和变革，通过结合具体国情的不断探索，已基本形成了与社会主义市场经济发展相适应的金融体制和监管框架，理论思想和技术手段也不断丰富和完善，为服务和支持实体经济作出重要贡献。本书从货币政策、人民币汇率、国际收支与外汇储备、人民币国际化、金融监管、金融科技等六个领域入手，通过对于相关部门不同发展阶段的指导思想、代表性学术观点和政策措施的阐述和分析，刻画了 70 年来金融体系的演变历程，对其在国民经济中的作用进行了探讨，同时也为当前金融政策和未来改革的讨论提供历史源流和时代背景，可供政府部门、研究机构与金融实务部门的相关人士参考。

Abstract

In the 70 years since the founding of the People's Republic of China, our financial system has undergone tremendous development and changes. Through continuous exploration combined with specific national conditions, a financial system and regulatory framework compatible with the development of a socialist market economy have basically been formed. The theoretical foundation and technical tools of financial operation and management have also been continuously enriched and improved, making important contributions to servingthe real economy. Based on a survey of the guiding ideology, representative academic views, and policy measures in six financial areas including monetary policy, RMB exchange rate, balance of payments and foreign exchange reserves, RMB internationalization, financial regulation, and Fintech, this book describes the evolution of China's financial systemand explored its role in the national economy. It also provides a historical background for the discussion of current financial policies and future reforms for readers from governmental departments, academic institutes, and financial markets.

各章分工

第一章　货币政策演变与发展

彭兴韵

（彭兴韵，国家金融与发展实验室副主任、中国社会科学院金融研究所研究员）

第二章　人民币汇率政策及理论的演变

林楠　胡志浩

（林楠，国家金融与发展实验室高级研究员、中国社会科学院金融研究所副研究员；

胡志浩，国家金融与发展实验室副主任、中国社会科学院金融研究所研究员）

第三章　新中国的国际收支与外汇储备

林楠　胡志浩

（林楠，国家金融与发展实验室高级研究员、中国社会科学院金融研究所副研究员；

胡志浩，国家金融与发展实验室副主任、中国社会科学院金融研究所研究员）

第四章　人民币国际化

程炼

（程炼，国家金融与发展实验室学术委员会秘书长、中国社会科学院金融研究所研究员）

第五章　新中国金融监管与风险管理发展创新

黄国平　方龙

（黄国平，国家金融与发展实验室投融资研究中心主任、中国社会科学院金融研究所研究员；

方龙，国家金融与发展实验室投融资研究中心研究员）

第六章　新中国金融科技思想史初探：文献述评

董昀　杨涛

（董昀，国家金融与发展实验室国际政治经济学研究中心主任、中国社会科学院金融研究所副研究员；

杨涛，国家金融与发展实验室副主任、中国社会科学院金融研究所研究员）

目 录

第一章 货币政策演变与发展 …………………………………… (1)
 第一节 中国人民银行体制70年之嬗变 …………………… (1)
 第二节 货币政策框架的转变与发展 ………………………… (5)
  一 集中统一的信贷管理 …………………………………… (5)
  二 向间接调控机制的过渡 ………………………………… (6)
  三 国际收支双顺差中的货币政策 ………………………… (8)
  四 国际收支双顺差的终结、准备金率的正常化与
    央行贷款回归 ………………………………………… (9)
  五 货币政策理念的形成 ………………………………… (12)
 第三节 发展中的货币政策工具 …………………………… (16)
  一 中央银行贷款 ………………………………………… (16)
  二 再贴现 ………………………………………………… (23)
  三 法定存款准备金 ……………………………………… (24)
  四 公开市场操作 ………………………………………… (26)
 第四节 利率汇率市场化与货币可兑换改革 ……………… (29)
  一 利率市场化 …………………………………………… (29)
  二 汇率机制市场化与人民币的可兑换改革 …………… (33)
 第五节 小结 ………………………………………………… (34)

第二章 人民币汇率政策及理论的演变 ………………………… (35)
 第一节 对汇率概念及其功能认识 ………………………… (37)

一　对汇率及相关概念的理解 …………………………（37）
　　二　国内对于汇率功能的认识 …………………………（40）
第二节　对汇率理论与制度选择的探讨 ………………………（43）
　　一　对于汇率决定理论的理解 …………………………（43）
　　二　汇率制度选择的理论思考 …………………………（47）
　　三　汇率与其他政策间的关系 …………………………（52）
　　四　均衡汇率理论与实证 ………………………………（55）
　　五　汇率走势与外汇市场干预 …………………………（58）
第三节　汇率政策变化的历史沿革及其评价 …………………（62）
　　一　中华人民共和国成立以来的人民币汇率相关
　　　　政策制度变化 …………………………………………（63）
　　二　全面深化金融改革下人民币汇率跨世纪变革 ……（65）
　　三　人民币"入篮"前后汇率改革新方位 ………………（67）

第三章　新中国的国际收支与外汇储备 …………………（71）
第一节　对于国际收支概念的理解 ……………………………（71）
第二节　中国国际收支政策演进 ………………………………（74）
　　一　从中华人民共和国成立后到计划经济向市场
　　　　经济转型 ………………………………………………（74）
　　二　社会主义市场经济下的转型与发展 ………………（76）
　　三　国际收支相关政策表达：党的十八大以来重要
　　　　论述 ……………………………………………………（81）
第三节　对中国国际收支的全面认识与展望 …………………（84）
　　一　全面认识中国国际收支 ……………………………（84）
　　二　国际收支失衡与再平衡 ……………………………（86）
　　三　中国国际收支的展望 ………………………………（89）
第四节　国际资本流动与外汇储备分析 ………………………（93）
　　一　国际资本流动分析 …………………………………（93）
　　二　外汇储备分析 ………………………………………（96）

第四章 人民币国际化 (102)

第一节 人民币国际化的含义与动因 (102)
一 人民币国际化的含义 (102)
二 人民币国际化的动因 (104)

第二节 人民币国际化的路径 (108)
一 人民币国际化的特殊条件 (108)
二 人民币国际化的路径 (110)
三 推进人民币国际化的主要渠道 (111)

第三节 作为人民币国际化基本路径的人民币离岸市场 (115)
一 人民币离岸市场的概念与功能 (115)
二 建立人民币离岸市场的动因 (117)
三 我国政策当局在人民币离岸市场建设中的角色 (119)
四 人民币离岸市场的相关争议 (120)

第四节 人民币国际化的金融基础设施支持 (124)
一 人民币跨境支付与离岸支付的现状 (125)
二 人民币跨境与离岸支付系统存在的问题 (127)
三 人民币跨境支付系统的未来建设方向 (129)

第五节 人民币国际化的未来发展 (130)

第五章 新中国金融监管与风险管理发展创新 (133)

第一节 金融监管与风险管理的重要意义 (133)

第二节 计划经济时期的金融管理制度与思想 (134)
一 计划经济时期金融管理制度发展与实践 (134)
二 金融管理制度理论和思想动因 (137)

第三节 改革开放启蒙与探索期(1978—1997)金融管理理论与实践 (138)
一 宏观层次上利率和信贷管制制度及理论演化发展 (138)

二　行业层次上监管思想与技术发展 …………………（140）
　　三　微观层次上金融风险管理与度量技术发展
　　　　实践 ……………………………………………………（142）
第四节　金融体制改革突破期（1998—2008）金融
　　　　监管和风险管理体系形成与发展 ………………（143）
　　一　金融生态思想和理论的形成、发展与实践 ………（143）
　　二　金融监管理论与体系发展演进 ……………………（146）
　　三　全面风险管理技术创新与发展 ……………………（149）
第五节　危机后（2008年至今）我国金融监管和风险
　　　　管理思想的发展与实践 …………………………（152）
　　一　系统性金融风险理论及系统性金融风险监管
　　　　框架 …………………………………………………（152）
　　二　流动性风险监管与管理 ……………………………（154）
　　三　金融科技视角下金融监管创新与发展 ……………（157）
第六节　小结 ………………………………………………（161）

第六章　新中国金融科技思想史初探：文献述评 …………（163）
第一节　金融科技的兴起与金融体系的发展 ……………（163）
第二节　20世纪90年代：中国金融科技与金融科技
　　　　研究的萌芽期 ……………………………………（164）
第三节　21世纪最初10年：中国金融科技与金融科技
　　　　研究的平稳发展期 ………………………………（171）
第四节　2012—2016年：中国互联网金融及相关研究的
　　　　爆发期 ……………………………………………（174）
第五节　2016年之后：中国金融科技研究开启新时代 …（178）
第六节　小结 ………………………………………………（182）

参考文献 ……………………………………………………（183）

第一章　货币政策演变与发展

第一节　中国人民银行体制 70 年之嬗变

人民银行的历史，可以追溯到第二次国内革命战争时期。1931 年 11 月 7 日，在瑞金召开的"全国苏维埃第一次代表大会"上，通过决议成立"中华苏维埃共和国国家银行"，并发行货币。从土地革命到抗日战争时期一直到中华人民共和国诞生前夕，人民政权被分割成彼此不能连接的区域。各根据地建立了相对独立、分散管理的根据地银行，并各自发行在本根据地内流通的货币。1948 年 12 月 1 日，以华北银行、北海银行、西北农民银行为基础，在石家庄合并组成了中国人民银行，由中国人民银行发行的人民币在华北、华东、西北三区统一流通。1949 年 2 月，中国人民银行由石家庄市迁入北平；同年 9 月，中国人民银行被纳入中央人民政府政务院的直属单位系列，并赋予其国家银行职能，承担发行国家货币、经理国家金库、管理国家金融、稳定金融市场、支持经济恢复和国家重建的任务。

在国民经济恢复时期，中国人民银行着手建立统一的国家银行体系和独立统一的货币体系，接管官僚资本银行，整顿私人金融业；取消在华外商银行的特权，禁止外国货币流通，统一管理外汇，并开展存款、放款、汇兑等业务。到 1952 年，中国人民银行建立了全国垂直领导的组织机构体系，逐步收兑了解放区发行的货币，全部清除并限期兑换了国民党政府发行的货币，人民币便成为全国统一的货币。它实行现金管理，开展"收存款、建金库、灵活调拨"，运用折实储蓄和存放款利率等手段，调控市场货币供求，扭转了中华人民共和国成立之初混乱的金融状况，成功制止了国民党政府遗留下来的恶性通胀。

1953年后，中国进入统一的计划经济体制，人民银行也随之建立了自上而下的体制。随着社会主义改造进程的加快，私营金融机构被纳入了公私合营银行轨道，形成了计划经济体中的集中统一的金融体制，作为国家金融管理和货币发行的机构，中国人民银行既是管理金融的国家机关，又是全面经营银行业务的国家银行，形成了大一统的单一国家银行体制。

集中统一的计划经济体制严重制约了中国生产力的发展，在改革开放的时代背景下，大一统的银行体制开始瓦解，在人民银行之外开始恢复或新设了其他类型的金融机构。1979年1月，为了加强扶植农村经济，恢复了中国农业银行。同年3月，为了适应对外开放和国际金融发展，改革了中国银行的体制，它成为国家指定的外汇专业银行；同时设立了国家外汇管理局。随后，新建立了中国人民保险公司；信托投资公司和城市信用合作社也在各国各地纷纷建立，由此，在人民银行体制之外，出现了金融机构多元化。

伴随金融机构的多元化，中国加强金融业的统一管理和综合协调也被提上了议事日程，于是，建立适应多元化金融业发展的中国中央银行体制也便呼之欲出。1982年7月，国务院确认，中国人民银行是我国的中央银行，是国务院领导下统一管理全国金融的国家机关。次年9月，国务院正式决定，由中国人民银行专门行使中央银行职能，一个为适应经济市场化改革和金融结构多元化的中央银行体制已显清晰的轮廓。1984年1月1日起，中国人民银行开始专门行使中央银行职能，制定和实施全国金融政策，加强信贷总量控制和金融机构的资金调节，以保持币值稳定。在管理体制上，中国人民银行分支行的业务实行垂直领导，设立的中国人民银行理事会，成为其协调决策机构；建立存款准备金制度和人民银行对其他专业银行的贷款制度，初步确定了中央银行制度的基本框架。同时，新设立了中国工商银行，由它来承担过去由人民银行承担的工商信贷和储蓄业务。

进入20世纪90年代后，中国经济市场化改革的方向更加明确，金融体制的市场化改革成为中国经济市场化的重要一环。1993年，按照国务院《关于金融体制改革的决定》，中国人民银行进一步强化金融调控、金融监管和金融服务等方面的职责，那时，中国人民银行集货币政策制定和执行、金融监管等于一身。1995年3月18日，全国人大通过了《中华人民共和国中国人民银行法》，以国家立法的形式确立了中国人民银行的中央银行地位，标志着中国的中央银行体制走向了法制化、规范化的轨道。《中国人民银行法》规定，货币政策的最终目标就是，保持币值稳定并以此促进经济增长，同时还禁止中国人民银行直接购买国债、向财政部透支，禁止地方政府和其他机构干预中国人民银行货币政策的制定和实施。这些在法律的层面增强了中国人民银行货币政策的独立性。

鉴于中国人民银行货币政策实践常受到一些地方政府的干预，为了增加中国人民银行制定和执行货币信贷政策的独立性，中国开始效仿美联储的体制，最终于1998年按照中央金融工作会议的部署，撤销原来的省级分行，设立跨省区分行制，这是中国人民银行体制的一次重大变革。

进入21世纪后，人民银行对金融机构的监管职能进一步被削弱。2003年，按照中共中央十六届二中全会《关于深化行政管理体制和机构改革的意见》和十届人大批准的国务院机构改革方案，将对银行、金融资产管理公司、信托投资公司和其他存款类金融机构的监管职能从中国人民银行分离出来,成立了中国银行业监督管理委员会。自此,便形成了被业内称为"一行三会"(中国人民银行、中国银行业监督管理委员会、中国证券监督管理委员会、中国保险监督管理委员会)的中国金融体系的监管架构。此次改革后,中国人民银行便集中于制定和执行货币政策、维护金融稳定等,不再负有对金融机构的监督职能,但对货币市场、外汇市场等仍拥有监管的权力。具体而言,人民银行职能的转变突出地表现在以下方面。

首先,强化了中国人民银行制定和执行货币政策相关职能,弱化了其对金融机构的监管职能。人民银行要能够灵活运用利率、汇率、存款准备金和公开市场操作等各种货币政策工具实施宏观调控。同时,央行仍然拥有对货币市场等金融市场的监管职能,加强对货币市场、外汇市场、黄金市场等金融市场的监督与监测,理顺货币政策传导机制。

其次,转变金融宏观调控和防范化解系统性金融风险的方式。过去,中国人民银行拥有对金融机构设立、业务审批、高管任职资格审查等权力,并据此实施直接金融调控。此次改革后,中国人民银行监测和评估金融业整体风险和交叉性金融工具的风险等,在此基础上防范和化解系统性金融风险;综合研究制定金融业的有关改革发展规划和对外开放战略,按照中国加入WTO的承诺,促进中国金融业的对外开放。

最后,增加中国人民银行反洗钱和管理信用征信业两项职能。由人民银行组织协调全国反洗钱工作,承担反洗钱的资金监测职责,并参与有关的国际反洗钱合作。同时,为了适应中国金融市场的快速发展和对信用信息的迫切需求,人民银行着手建立和管理中国的信用征信,推动社会信用体系建设和完善。

这一系列的变化,强化了中国人民银行作为中央银行实施货币政策的职能,为保持币值稳定、防范化解系统性金融风险提供了制度上的保证。

应新时代的要求，2018年中国再次对监管机构进行了重大改革，将原来的中国银行业监督管理委员会和中国保险监督管理委员会的职责整合，新组建了中国银行保险监督管理委员会。同时，将中国银行业监督管理委员会和保险监督管理委员会拟定银行业、保险业重要法律法规草案和审慎监管基本制度的职责划归中国人民银行。这意味着，中国人民银行不仅再次成为中国银行业、保险业机构规则的制定者，而且它的宏观审慎管理职能也得到了正式的授权。

第二节 货币政策框架的转变与发展

一 集中统一的信贷管理

与高度集中的银行体制相适应，我国从1953年开始建立了集中统一的综合信贷计划管理体制，即全国的信贷资金，不论是资金来源还是资金运用，都由中国人民银行总行统一掌握，实行"统存统贷"的管理办法。银行信贷计划纳入国家经济计划，成为国家管理经济的重要手段。高度集中的国家银行体制，为国家大规模的经济建设进行全面的金融监督和服务。

中国人民银行担负着组织和调节货币流通的职能，统一经营各项信贷业务，在国家计划实施中具有综合反映和货币监督功能。银行对国有企业提供超定额流动资金贷款、季节性贷款和少量的大修理贷款，对城乡集体经济、个体经济和私营经济提供部分生产流动资金贷款，对农村贫困农民提供生产贷款、口粮贷款和其他生活贷款。这种长期资金归财政、短期资金归银行，无偿资金归财政、有偿资金归银行，定额资金归财政、超定额资金归银行的体制，一直延续到1978年，其间虽有几次变动，但基本格局变化不大。

1979年后，中国出现了金融机构多元化和金融业务多样化的局面。这迫切需要加强金融业的统一管理和综合协调。1983

年9月，国务院决定，由中国人民银行专门行使中央银行的职能，次年1月1日起，中国人民银行开始专门行使中央银行的职能，集中力量研究和实施全国金融的宏观决策，加强信贷总量的控制和金融机构的资金调节，以保持货币稳定；建立存款准备金制度和中央银行对专业银行的贷款制度，初步确定了中央银行制度的基本框架。

在专门行使中央银行职能的初期，随着全国经济体制改革深化和经济高速发展，为适应多种金融机构、多种融资渠道和多种信用工具不断涌现的需要，中国人民银行不断改革机制，搞活金融，发展金融市场，促进金融制度创新。中国人民银行努力探索和改进宏观调控的手段和方式，在改进计划调控手段的基础上，逐步运用利率、存款准备金率、中央银行贷款等手段来控制信贷和货币的供给，以求达到"宏观管住、微观搞活、稳中求活"的效果，在制止"信贷膨胀""经济过热"，促进经济结构调整的过程中，初步培育了运用货币政策调节经济的能力。

二 向间接调控机制的过渡

1994年的十四届三中全会《关于建立社会主义市场经济若干问题的决定》，明确了中国市场化改革的基本方向。同年，中国金融体系进行了几个方面的重大改革。第一，在金融机构方面，为了把国有银行打造成为"自主经营、自负盈亏、自我发展、自我约束"的经营实体，将政策性金融职能从原来的国有银行分离出来，组建了三大政策性银行。第二，切断财政赤字与货币发行之间的脐带关系，禁止从央行借款或透支弥补财政赤字，以增强中国人民银行的信用独立性。在1994年以前，我国财政赤字与货币发行有"穿连裆裤"之说，导致了央行被迫随财政赤字而发行货币。可想而知，每一次财政赤字增加，都会伴随一轮通胀。1994年通胀一度达到24%，货币价值储藏职能受到了通胀的严重侵蚀。第三，为了积累外汇储备，中国于同年实行了强制结售汇制，有外汇收入的企业或个人，在收到外汇后被立即强制转换为人民币，而有外汇需求的企业或个人，则从银行购买外汇。这一制度安排，使中国的货币发行又与国际收支密切地联系了起来，它对中国在10年后（也就是2004年后）经济金融的影响，超出了当时的理解。

由于央行采取了紧缩性的措施，1994年中国的通胀并没有继续恶化，通胀率不仅很快就回落了，而且还很快地演变成了通货紧缩。对于一个在计划经济中长期陷入短缺的发展中国家而言，由卖方市场走向买方市场之快，确是始料未及的。中国的通缩，又遭遇1998年的亚洲金融危机之霜，经济增长陷入了低迷，中国似有信贷紧缩的迹象。为了刺激增长，政府实施了积极财政政策与稳健货币政策的宏观调控组合，货币政策名为"稳健"，实为"扩张"。央行再也不用担心"信贷饥渴症"，顺水推舟，对商业银行实行资产负债比率管理，将法定存款准备金比率从13%大幅下降至6%的同时，还尝试着开展公开市场操作等间接货币调控手段，直接信用管制的调控手段逐渐从中国货币政策框架中淡出了。为了增强央行的政策独立性，中央效仿美联储，撤销了人行的各省分行，转而建立了跨省区的分行体制，试图以此减少地方政府对人行信贷政策的干预。

为了摆脱通缩，政府迫切需要寻求新的经济增长点，房地产当仁不让地被政府寄予厚望。1999年取消了福利分房，人们要取得住房，就只能通过市场购买。于是，央行要求商业银行增加对住房抵押贷款的供给，便具有了一石二鸟之功，中国的银行体系也从过去单向地吸收居民储蓄存款，变成了对居民的双向金融服务；从过去一切为生产筹措资本，转而同时注重对居民消费提供金融服务，这意味着，中国银行业具有更完善的资源时间配置的功能。同年，中国成立了华融、东方、信达和长城四大资产管理公司，央行为它们提供了数千亿元的贷款，以承接对口的四大国有银行总额达1.4万亿元的不良贷款。这是对国有银行巨额财务的重组过程，意味着央行被迫承担起了维护金融稳定的职责——尽管这与它保持币值稳定的法定目标是相冲突的。

三 国际收支双顺差中的货币政策

2001年中国如愿加入了WTO，一些发达国家又开始指责中国人民币被低估从而输出了通缩，这极大地改变了中国货币政策面临的国际环境。过去，发展中国家的货币总是被高估，国际金融市场上对人民币汇率的这一预期，可以说在很大程度上改变了新兴经济体货币的汇率印象。于是，贸易顺差与资本流入很快就导致了中国货币扩张，即便遭遇了2003年的"非典"冲击，贷款（尤其是房地产贷款）增长速度之快，还是始料未及的。即便面临"非典"冲击之时，央行也不得不第一次实施房地产信贷收缩政策。2003年还奠定了一行三会的金融监管新格局，虽然央行保留了对货币与外汇市场的监管权力，但其监管权限已被大大削弱，货币政策成为其核心职能。

加入WTO极大地拓展了中国产品的市场空间，贸易顺差节节攀升；2003年之后，人民币升值预期不断升温，国际资本大量涌入，超常增长的外汇储备取代再贷款，完全主导了基础货币投放。所有这些，迫使央行最终于2005年7月开启了人民币汇率机制的改革，实施有管理的浮动汇率制，同时对人民币兑美元汇率升值2%。汇率机制变化后，人民币在接下来的几年里出现了单边升值的趋势，与其他新兴经济体从固定汇率走向浮动汇率后的货币大幅贬值不同，人民币汇率呈现了"强势"的升值特征。持续贸易顺差与升值预期下的资本流入，导致中国流动性泛滥有愈演愈烈之势，过剩的流动性开始在中国房地产市场寻找出路，上海、北京等一线城市房价随之大涨。

为了应对流动性过剩带来的通胀压力，中国人民银行早在

2003年起便开始大量发行央行票据来加以对冲。但央票有较高的利息成本，且到期必须被赎回，只是对流动性的"浅层次对冲"。2004年，央行就试图通过差别存款准备金来约束金融机构无节制的贷款行为，但直到2006年，央行才开始通过提高法定存准率来对流动性加以"深度"冻结。2008年9月前的两年左右时间里，中国人民银行提高法定存准率20次，到2011年，中国法定存准率一度达到21.5%。当时的中国人民银行行长周小川提出了"池子论"和"利差管理理论"，即以高法定存准率关住国际收支双顺差带来的流动性扩张，同时通过扩大存贷款利差，为金融机构配合央行高法定存款准备金的政策提供相应的利益补偿。在中国不断深化的金融市场化改革中，畸高的法定存准率，又给中国金融打上了"金融抑制"的烙印。

四 国际收支双顺差的终结、准备金率的正常化与央行贷款回归

正当各国央行都与全球流动性过剩做不懈斗争之际，美国次贷危机的魅影却在潜行猎食，并最终引爆了雷曼兄弟的破产，包括中国在内的全球金融市场深受牵连，股票市场暴跌。实体经济遭受冲击的破坏性之强，出乎包括格林斯潘在内的央行行长们的意料。为了应对危机的冲击，中国不得不出台了大规模的经济刺激计划，货币政策既是降准，又是降息。结果，2009年的货币供应量与信贷就达到了超过30%的增长率，这又引发了房地产价格第二轮爆发式上涨。与此同时，地方政府在此轮刺激中开始大量举债，宏观杠杆率大幅攀升。此轮刺激政策虽然只持续了两年左右，时间并不太长，也收到了短期经济回升的效果，但它对长期增长埋下的隐患，至今也还未消除，它带来的高杠杆成了今日防范和化解金融风险中难啃的硬骨头。

激进刺激政策并没有带来持续的高增长，但它的后果很快就暴露了出来，刺激之后，需要更大的刺激，才能维持实体经

济与金融体系的稳定。但是，2013年新一届政府成立后，政府笃定采取"不刺激"的政策，拔掉了输液管的金融市场，是年年中就爆发了"钱荒"，隔夜回购利率一度飙升至28%。好在央行的及时干预，让金融市场没有进一步演变成失控的流动性恐慌。"钱荒"事件充分暴露了中国金融体系脆弱性的一面，央行也意识到，需要临时性的流动性救助机制来维护金融市场的稳定。于是，公开市场工具"短期流动性操作"被开发了出来，"常备借贷便利"和"中期借贷便利"成为中国人民银行新的政策工具，央行不仅试图用它们来管理流动性总量，还试图借助它们来实施中国式的"利率走廊"，合适的市场利率区间在中国的货币政策框架中日益变得重要。

转入2014年，央行开始了定向调控，货币政策又从之前的总需求管理转向了结构性管理，结构性货币政策逐渐成为中国货币政策操作的新风格。货币定向调控是为了支持三农、小微企业等国民经济薄弱环节而采取的货币调控措施，其政策工具包括定向降准、支农支小再贷款、抵押补充贷款等，这意味着，货币政策放下了需求总量管理的身段，而肩负着信贷结构调整的重担，尤其是通过定向调控而加大对中小微企业和三农等国民经济薄弱环节的信贷投放，使央行的货币政策承担了更大的普惠金融的责任。同时，鉴于预期管理对货币政策效果具有越来越大的影响，"利率走廊"又是全球央行货币政策的新鲜尝试，中国人民银行开发出了被戏称为"麻辣粉"的中期借贷便利（MLF），试图以此加强对利率的区间管理。接下来三年左右的时间里，央行又陆续开发了信贷资产质押贷款和扶贫再贷款等林林总总的贷款工具，并不断增加再贷款合格抵押品的范围，不仅央行贷款重新回归到了基础货币供给的主渠道，而且合格抵押品范围的扩大使中国货币政策又似有质化宽松之味。

2014年年底的中央经济工作会议确定，中国经济进入了新常态，并指出，中国经济进行了增长速度的换挡期、结构调整的阵痛期和前期政策的消化期，同时还着重指出，总量刺激的货币政策边际效果已经减弱。尽管对货币政策有这样确切的判断，但仍没能抵挡住对经济下行的担忧，加之，中国资本外流快速地消耗着中国巨额的外汇储备，吸掉了大量的宏观流动性，继续保持高存准率的外部环境荡然无存。于是，央行在2015年采取了降息、降准、扩大对金融机构再贷款等诸多方面的操作，存准率正式进入持续下降通道，中国奇高的法定存款准备金率开启了漫长的正常化之路。

事实再一次证明，早前"总量刺激的货币政策效果边际上已减弱"的论断是恰当的，经济增长率并没有如预期的那样回升，本意是偏"中性"的政策调整，结果反而导致股票市场疯狂加杠杆，随着市场收益率下行，债市加杠杆也愈演愈烈，房地产价格在一线城市掀起第三轮大幅上涨，进一步做实了"脱实向虚"的诟病。投资者情绪的驱使和监管当局在是年6月对股市的降杠杆最终引发了股价震荡，央行再次被迫为股市输血，向证金公司提供大量贷款，以稳定股市。就在国内股票市场动荡，人民币从之前的升值转向贬值压力之时，央行又实施了"8·11"汇改，调整人民币中间价的形成机制，汇率弹性进一步增强。应当说，在人民币承受明显的贬值压力、外汇储备流失加剧之时，这样的汇改，是需要勇气和信心的。

2015年中央经济工作会议正式确定了以"去产能、去库存、去杠杆、降成本和补短板"为主要任务的供给侧结构性改革，并将它升级为中国宏观调控的主线，"稳中求进"随后成了宏观调控的方法论，相应地，"稳健中性"也成了货币政策的基本原则，货币政策也从总需求管理，逐渐转向了为供给侧结构性改革服务。所谓"稳健中性"，实为央行不再像以前那样采取激进的刺激政策，货币供应与信贷双双应声回落，这大抵是吸收了过去刺激性货币政策的教训。它的一个重要特点，就是配合宏观上的降杠杆与去库存，实施杠杆的乾坤大挪移，2016年居民部门在恐慌性买房的驱使下，大举借取抵押贷款，导致居民部门贷款很快就超过了 40 万亿元，与非金融企业贷款之比也达到了 50% 左右。

2017 年 7 月的中央金融工作会议后，金融回归本源成为一切金融政策的主题，强化监管成为市场参与者的共识。为了提高监管效率，此次会议还正式成立了中国金融稳定与发展委员会，中国人民银行在经历多次金融市场动荡的流动性救助之后，最终赢得了在不同金融稳定机构中的核心地位。党的十九大报告指出，要完善货币政策与宏观审慎双支柱的调控框架。在接下来 2018 年的机构改革中，原来的银行业与保险业监督管理委员会合并，人行正式获得了宏观审慎管理的职权，部分制定金融监管行政规章的权力，也一并回归人行。这一转变，恰恰顺应了 2008 年国际金融危机后 10 年左右时间里主要国内金融监管的新趋势和潮流：由于央行承担了对金融机构和市场的流动性救助职能，它理应获得相应的监管权力，促成金融机构与市场的稳健运行。

五　货币政策理念的形成

1998 年之前的若干年里，中国货币政策沿用着西方经济学里的"扩张"与"紧缩"概念。1998 年亚洲金融危机后，中国正式提出了"稳健的货币政策"。2006 年应对流动性过剩时，又提出了"中性的货币政策"。及至 2013 年以来，货币政策又体现为中性货币政策、"盘活存量、用好增量"、"总量稳定、结构优化"等，这是中国在实践中形成的货币政策理念。

首先，稳健中性货币政策。要理解中性的货币政策，就要先理解货币中性。所谓货币中性，强调货币不过是罩在实体经济上的一层面纱，货币量的变化，既不会影响产出，也不会影响就业，经济均衡主要由市场机制自身来实现。货币非中性则认为，由于市场摩擦和交易成本，货币量的变化不仅会影响物价，还会影响产出和就业等真实经济变量。要理解实际操作层面的中性货币政策，则不得不说一下美联储前主席格林斯潘。他主张经济自由化、充分竞争以及经济的灵活性，强调市场机制的自我调节使经济与潜在产出相适应。因此，美联储在格林斯潘时期，确立了调整联邦基金利率的几条原则，即强调经济自我调节的均衡机制和中性货币政策。美联储的中性货币政策，实际上可以理解为货币政策不应当干扰经济均衡的自我实现机制。这就要求，货币政策调整后所引起的市场利率变动，应当与经济的自然利率相当。

中国最早提出中性货币政策，应当是2006年。那时，中国面临流动性过剩、资产价格泡沫化倾向和通胀压力上升。在这种环境下，政府提出了要实行"中性"的货币政策。这被认为是较之前"稳健货币政策"的一个重大变化。不过，中国所用"中性货币政策"，实际上是从货币政策对流动性管理的角度来探讨的，即货币政策既不造成市场中过量的流动性，也不会造成流动性不足，或货币政策既不对经济造成明显的扩张，也不会造成明显的紧缩。实际上，从中国提出中性货币政策至今，主要是侧重于货币政策的"量"的角度来考虑和界定的，没有深入到政策"中性"之本质，但政府一直强调，要使市场在资源配置中起决定性的作用。这表明，货币政策中性不应当干扰市场机制的核心功能的实现。

其次，盘活存量与用好增量的货币政策。中国过去用高货币供应与信贷增长率，刺激了强制储蓄和推动了经济增长，但也确实带来了一系列宏观经济问题，难免有所争议。新常态下货币政策思路的另一个重大变化就是"盘活存量、用好增量"并举的原则。2013年6月，国务院常务会议明确提出，在保持宏观经济稳定性、连续性的同时，有序推进改革，优化金融资源配置，用好增量，盘活存量，更好地服务于实体经济发展。

在这里，盘活存量是总量稳定的基础，或者说，在总量稳定的前提下，实现既定的合理增长目标，关键在于盘活货币信贷存量资金。这好比自然界的水资源。地球上的水资源总量是一定的，但既定的水资源通过蒸发和大气环流，凝结成雨雪后，滋润着万物，使自然界焕发生机。经济体系中的货币与信贷资金与自然界中的雨水一样，它若没有流动和循环起来，能够被它润泽的物，就极其有限了；在其活性差的情况下，要让更多的经济万物得到资金的滋润，就需要央行抽动货币与信贷的水泵了。

具体地说，例如，在极端情况下，当大量存量信贷堕化为流动性低的资产时，原来借款者对流动性负债的需求会上升，金融机构基于风险考量而"惜贷"，结果造成信贷紧缩。为了解冻信贷市场，央行可能被迫提供流动性援助而放松货币与信贷总量。在这个意义上，盘活存量本身既依赖于良好的宏观经济环境，也依赖于经济社会优良的信用文化，通过资金在各部门间的正常、顺畅流转，才能实现良性地盘活存量资金。因此，盘活存量其实是一个系统工程，应当多管齐下。这既是宏观调控思路和策略的转变，也是寻求更有效的金融监管体系、划分中央与地方金融稳定职责、重塑金融监管与货币调控之间关系的过程；它既要以借款者能按照借贷合同及时偿还贷款本息为前提，也要以金融机构良好的风险管理为前提，更是重塑借贷双方之间社会信用文化的过程。

在任何时候，用好增量与结构优化都是健全金融体系的标志。当然，从不同的角度，"好"与"优化"的标准可能会有差异。从纯粹经济意义上讲，"好"的标准就是把金融资源配置到效率最高的地区、行业和企业中去，让那些最善于使用金融资源的人去使用，以便最大限度地增加社会产出和供给能力；"优化"则是金融资源配置效率不断提高的过程。但从社会意义上讲，"好"与"优化"可能会被认为是金融资源可得性的公平性，让金融服务具有普惠性。但众所周知，公平与效率往往存在冲突，过度地以公平作为金融资源配置"好""坏"的标准，则可能损害经济效率，抑制合理的经济增长。从政府取向来看，实际上是以经济效率的标准来界定"好"与"优化"的标准的，那就是金融"更好地支持经济转型升级、更好地服务于实体经济""支持实施创新驱动发展战略"。

最后，结构性政策与定向调控。为了实现结构优化的目的，中国的货币政策操作更多地采取了所谓"定向调控"的手法。所谓定向调控，广义地说，即政府针对国民经济的某一特定领域而采取专门性宏观经济政策。在改革开放初期，中国人民银行就对不同的行业确定了不同的贷款利率，信贷额度也是根据政府经济计划而有差别地确定的。根据操作方向的不同，定向调控可分为定向刺激（扶持）与定向紧缩。所谓定向刺激（扶持）即对政府认为是国民经济的薄弱环节和民生工程项目，有针对性地采取特定货币政策操作，以提高融资可得性或降低其融资成本。例如，在20世纪末，为配合中国住房制度改革、促进房地产市场发展，央行一度要求商业银行新增房地产贷款增长率不得低于15%。"定向降准""定向降息"等，都已成为定向货币政策调控的工具组合。定向紧缩则是对政府认为国民经济中具有过热倾向、或产能过剩、或对环境污染较重的行业，采取控制性的货币信贷政策。例如，2013年央行在放开贷款利率下限管理的时候，就保留了对住房抵押贷款利率70%的下限管理；之前还不断提高二套房的首付比率要求，这些都属于为抑制房地产市场的泡沫化倾向而采取的具有紧缩特点的定向货币政策操作。

不过，与之前只是间或采取定向操作不同，货币政策定向操作具有常态化的倾向。之所以在新常态下热衷于定向操作，主要有以下几个方面的原因。第一，在操作力度上，政府并没有打算执行过于宽松的货币政策，即便经济面临下行压力，也只需要采取"微刺激"；政府或许认为，过去的教训与现实经济状况都决定了没有"强刺激"的必要。第二，定向调控具体化了此前央行一直强调的"有保有压"的政策取向，一些人也称之为"精准发力""射中靶心"，这样可以缩短货币政策传导的链条。第三，金融机构在放贷过程中具有羊群效应，基于短期（任期内）利润最大化目标的个体理性行为，很容易导致整个信贷市场的集体非理性结果，不仅信贷资源不会配置到政府所期望的部门中去，还容易导致某一行业或地区吸收过度的信贷资源，出现过热和过度的杠杆化，危及金融体系乃至宏观经济的稳定。第四，定向调控可以引导资金流入到实体经济，减缓资金在金融体系"空转"而不能很好地为实体经济服务的弊病。

必须强调的是，虽然定向调控具有一定的现实基础和合理性，但避免过度定向化扭曲货币调控机制，尤其是要防止货币政策因"定向调控"而回到过去那种行政化的老轨道，防止以政府对经济活动（效率与风险）的全面判断来取代市场分散化的判断和决策。中国人民银行在2014年《第二季度货币政策执行报告》中也明确写道："货币政策主要还是总量政策，其结构引导作用是辅助性的，定向降准等结构性措施若长期实施也会存在一定问题。"应当说，这是央行对定向货币调控地位的恰当表述。

第三节　发展中的货币政策工具

一　中央银行贷款

再贷款，即我国央行对金融机构发放的贷款，是我国央行重要的货币政策工具之一，但它在我国货币政策操作中的地位并非始终如一。改革开放以来，再贷款在我国央行货币政策操作中就经历了三个阶段的变化。第一阶段，即在2001年之前，再贷款是央行调控基础货币的主要渠道，因而央行对金融机构债权构成了央行资产方的主要部分。对金融机构债权主要包括公开市场操作中回购交易形成的"买入返售"、再贷款和再贴现。2001年以前，由于公开市场操作并没有成为央行调节基础货币的重要政策工具，再贴现很少，因此，体现在央行资产中的对存款性金融机构债权基本由再贷款构成：即央行对金融机构无担保的贷款。当时再贷款是我国央行投放基础货币的主渠道，因此，那时央行对存款性金融机构债权增减，反映了央行根据宏观经济形势变化而实施货币政策的银根松紧的变化。例如，为应对亚洲金融危机期间国内经济增长率的下降和通货紧缩，央行为了实施稳健的货币政策，就通过增加再贷款来投放基础货币。

第二阶段即2002—2013年，再贷款在央行货币政策操作中日趋式微，再贷款基本被闲置。主要原因在于，中国在2001年加入WTO后，由于贸易顺差的持续增长和人民币升值预期下资本流入的大量增长，央行持有的国外资产大幅增加，外汇占款成了央行投放基础货币的主要渠道。在这种背景下，央行货币政策操作就主要是为了冲销外汇占款，其基本手段，先是大量发行央行票据，继而通过大幅提高法定存款准备金率以深度冻结流动性。由于之前央行的再贷款余额较少，难以通过缩减再贷款的方式来冲销外汇占款导致的流动性扩张，因此，接下来的10年左右时间里，央行贷款在货币政策操作中基本上没有发挥什么作用。尽管2005年前后，央行发挥金融稳定的功能而向包括一些证券公司在内的金融机构发放了再贷款，但这并非常规货币政策操作的范畴。

第三阶段是2014年以来，再贷款在货币政策操作中的地位得到极大提升。在2008年后，发端于美国的国际金融危机让人们认识到，全球经济再平衡对全球宏观经济和金融体系稳定至关重要，因此需要重建新的贸易与金融秩序。在这种背景下，尽管中国仍有大量贸易顺差和资本流入，但由于中国同时实施了"走出去"的战略，中国对外直接投资大幅增加，同时在美国大规模经济刺激下，美国经济企稳、美元升值，也吸引了一些短期资本流入美国。结果，中国人民银行持有的国外资产不仅没有随贸易顺差而增长，反而还略有下降。这为中国人民银行资产结构的调整创造了非常有利的条件，2001年后一直被"闲置"的央行贷款开始有了发挥作用的空间。尤其是，2014年以来，再贷款在央行货币政策操作的作用更加凸显，这反映在央行资产负债表中，就是央行对金融机构债权大幅增加。这表明，几乎被"闲置"十多年的再贷款，在中国货币政策操作中的地位再次上升。

近年来，央行主动适应经济新常态，引领货币政策新常态，通过不断完善和丰富再贷款调控工具，使得再贷款在货币调控体系中的功能得以不断扩充。

首先是央行在再贷款的应用中，不断创设了新的再贷款工具，形成了央行贷款操作体系。到目前为止，新创设的央行贷款工具包括：

（1）支小再贷款，即是向金融机构发放的专门用于小微信贷的再贷款。这是为缓解小微企业融资难和融资贵而采取的定向再贷款。

（2）支农再贷款，即央行向一些符合条件的中小金融机构发放、并由后者用于"三农"信贷的中央银行贷款。支农再贷款机制包括以下几个方面的内容：首先是农村金融机构在支农再贷款借用期间，涉农贷款增量应不低于借用的支农再贷款总量；其次，在利率方面，农村金融机构借用支农再贷款发放的涉农贷款利率，应低于该金融机构其他同期限同档次涉农贷款加权平均利率。

（3）扶贫再贷款。2016年，央行设立扶贫再贷款，旨在专项用于支持贫困地区地方法人金融机构扩大涉农信贷投放。它的支持范围是连片特困地区、国家扶贫开发工作重点县，以及扶贫开发工作重点县。扶贫再贷款的适用对象是贫困地区的农村商业银行、农村合作银行、农村信用社和村镇银行等4类地方法人金融机构。它的利率比支农再贷款更优惠，为地方法人金融机构支持脱贫攻坚提供成本较低、期限较长的资金来源。

由于小微企业和三农贷款面临严重的信息不对称，又不具有规模经济效应，以利润最大化为目标的金融机构往往不愿意向小微企业和三农提供金融支持，小微和三农面临严重的信贷配给，获得的贷款也要支付更高的外部融资溢价。央行创设支小再贷款与支农再贷款，则可以在一定程度上弥补市场缺陷，提高它们的融资可得性。同时，央行还通过支小与支农再贷款利率的调整，来引导金融机构降低对小微和三农信贷的利率定价。

（4）常备借贷便利。该贷款工具创设于2014年1月，它当时旨在向符合审慎要求的地方法人机构提供短期流动性支持。后来，常备借贷便利主要功能是满足金融机构期限较长的大额流动性需求。常备借贷便利有三个主要特点：由金融机构主动发起，金融机构可根据自身流动性需求申请常备借贷便利；是中央银行与金融机构"一对一"交易，针对性强；交易对手覆盖面广，通常覆盖存款金融机构。创设该工具的重要背景就是2013年6月发生的"钱荒"，极大地扰乱了市场利率体系，使货币市场和债券市场利率大幅上升，并提高了企业的借贷成本。吸取"钱荒"的教训，央行创设了常备借贷便利，以随时应对个别金融机构暂时性的流动性困境对整个金融市场的冲击，发挥常备借贷便利的利率可以作为市场利率上限的作用。这表明，央行在2014年的货币政策操作中，具有了利率走廊的雏形。

（5）中期借贷便利。该工具创设于2014年9月，它向符合宏观审慎管理要求的商业银行、政策性银行，通过招标方式提供中期基础货币。在中期借贷便利中，金融机构提供国债、央行票据、政策性金融债、高等级信用债等优质债券作为合格质押品。央行在《2014年货币政策执行报告》中指出，中期借贷便利可以发挥中期利率政策的作用,引导金融机构加大对小微和三农的信贷支持力度,促进降低贷款利率和社会融资成本。

(6)抵押补充贷款。它是央行以抵押方式向金融机构发放的贷款,合格抵押品范围主要是高信用级别的债券和优质信贷资产。它在2014年4月创设之初,主要是为开发性金融支持棚改提供长期稳定、成本适当的资金来源。抵押补充贷款的主要功能是为支持国民经济重点领域、薄弱环节和社会事业发展,央行对金融机构提供的期限较长的大额融资。相比较而言,抵押补充贷款的期限更长一些,金融机构获取抵押补充贷款后,可以开展相对更长期限的资产活动。

(7)信贷资产质押再贷款。对中国而言,这是一个全新的货币工具,它以金融机构非标准化的信贷资产作为从央行获得再贷款的合格抵押品。这一政策工具的应用,将极大地扩展中小金融机构从央行获得再贷款的合格抵押品资产范围,提高这些金融机构信贷资产的流动性。

在创新再贷款工具的同时,央行还大量扩充了再贷款的抵(质)押资产的种类和范围。中央银行在向管辖权范围内的金融机构发放贷款时,通常会有合格抵押品的要求。金融机构向中央银行申请贷款时所提交的抵押品,通常是其持有的某种金融资产。至于哪些金融资产可以充当合格抵押品,各国(地区)中央银行则有不同的规定和要求;同一个国家的央行在不同的时期、不同宏观条件下,所要求的合格抵押品资产范围也会有较大不同。例如,在2008年次贷危机后,美联储不仅拓宽了贷款对象,也拓宽了合格抵押品资产。过去较长一段时间里,我国央行对金融机构的再贷款并无合格抵押品的要求。

2014年以来,中国人民银行在央行贷款的政策实践中,就在不断地拓宽合格抵押品资产的范围,如今可充当央行贷款抵押品的金融资产包括以下几类:(1)高信用级别的债券,如国债、中央银行债券和政策性金融债券。(2)商业银行持有的信贷资产。抵押补充贷款便是以高信用级别的债券和优质信贷资产作为合格抵押品的。但央行在2014年开展试点并在2015年推广信贷资产质押贷款中，所要求的合格信贷资产的品质，会远低于抵押补充贷款的要求。（3）将地方债纳入央行SLF、MLF和PSL的抵押品范围内。此外，地方债还被纳入中国国库和地方国库现金管理抵押品范围。这是在2015年为配合化解地方政府债务风险、积极推动地方政府债务置换而采取的一项举措。

随着再贷款工具的丰富和完善、再贷款合格抵（质）押品范围的扩大，再贷款的功能也随之而丰富。但随着央行不断创新再贷款工具，再贷款在中国货币政策操作中发挥着五项新的重要职能：

（1）调节信用总量。中国央行贷款最早的职能就是调节全社会的信用总量，这并没有因为央行贷款工具的创新和它引导信贷结构调整功能的增强而弱化。央行对再贷款的运用总量，仍需要符合"保持币值稳定"的法定目标。只有在调节好全社会的信用总量的基础上，央行贷款才能更好地发挥信贷结构调整功能。

（2）引导信贷结构调整。再贷款发挥着引导金融机构信贷投向三农、扶贫、小微和棚户区改造等国民经济薄弱环节的功能。随着新常态下政府更加注重定向调控，央行也试图利用再贷款促进信贷结构调整、引导贷款利率的结构变化。支小再贷款、支农再贷款和抵押补充贷款，都发挥着引导金融机构信贷投向的功能。因此，再贷款不仅仅是总量政策工具，更是结构调整的工具。

（3）管理市场流动性。常备借贷便利向地方法人机构提供流动性支持，它与正（逆）回购操作、SLO一起，构成了中国央行对市场流动性管理和调节的工具体系。2013年6月，中国货币市场一度出现"钱荒"，紧张的货币市场流动性使短期货币市场利率高企到难以承受的水平，给债券市场带来了极大的冲击，乃至随后一年左右的时间里，中国债券市场利率都处于较高的水平。在那次"钱荒"之后，央行便创设了常备借贷便利，以应对市场流动性的意外波动。

（4）化解金融风险，维护金融稳定。央行的重要职能之一，就是发挥最后贷款人的作用，为陷入流动性困境的金融机构提供援助，阻止少数金融机构的流动性困境恶化为系统性的金融危机。1999年中国成立四大资产管理公司后，央行为了帮助它们从国家银行收购不良贷款，就向它们发放了数亿元的再贷款；2005年为了化解证券公司风险，央行就曾向数家券商提供了大量再贷款；2015年6月下旬和7月上旬，股票市场大幅下挫，为了稳定资本市场，守住不发生系统性金融风险的底线，央行又向中国证券金融股份公司发放了数千亿元的贷款，并承诺对资本市场的流动性救助不受限额的局限。所有这些，都是央行再贷款维护金融稳定职能的重要体现。

（5）引导和管理市场利率。央行在《2014年货币政策执行报告》中谈到常备借贷便利时指出，其主要目的是发挥常备借贷便利的利率作为市场利率上限的作用；在谈到中期借贷便利时指出："发挥中期利率政策的作用，促进降低贷款利率和社会融资成本。"这表明，央行在货币政策操作中，不仅关注合意贷款规模，事实上也在逐渐关注利率期限结构，期望通过再贷款操作来引导短中期市场利率走向。

例如，2014年上半年，央行主要利用再贷款来引导信贷结构的调整。3月初，人民银行对部分省（区、市）增加支农再贷款额度共200亿元，以支持金融机构做好春耕备耕金融服务。当年年初，央行继续调整再贷款分类、新设信贷政策支持再贷款，强化对小微企业融资的支持。3月20日，央行正式在信贷政策支持再贷款类别下创设支小再贷款，专门用于支持金融机构扩大小微企业信贷，确定全国支小再贷款500亿元的额度。支小再贷款发放对象是小型城市商业银行、农村商业银行、农村合作银行和村镇银行等四类地方性法人金融机构;条件为金融机构须上季度末小微企业贷款增速不低于同期各项贷款平均增速、贷款增量不低于上年同期水平。期限为3个月、6个月、1年三个档次,可展期两次,期限最长可达3年;支小再贷款利率在人民银行公布的贷款基准利率基础上减点确定。

二 再贴现

再贴现是央行对金融机构持有的未到期已贴现商业汇票予以贴现的行为。央行通过适时调整再贴现总量及其利率,选择再贴现合格票据,可以达到吞吐基础货币、实施货币调控和引导信贷结构调整的目的。中国人民银行总行设立再贴现窗口,受理、审查、审批各银行总行的再贴现申请,并经办有关的再贴现业务。中国人民银行各级分行和计划单列城市分行设立授权再贴现窗口,受理、审查并在总行下达的再贴现限额之内审批辖内银行及其分支机构的再贴现申请,经办有关的再贴现业务。中国人民银行对各授权窗口的再贴现实行总量控制,并根据金融宏观调控的需要适时调增或调减各授权窗口的再贴现限额。各授权窗口对再贴现限额实行集中管理和统一调度,不得逐级分配再贴现限额。

中国人民银行对各授权窗口的再贴现操作效果实行量化考核,实行总量、期限和投向的比例控制。(1)总量比例:按发生额计算,再贴现与贴现、商业汇票三者之比不高于1∶2∶4;(2)期限比例:累计3个月以内(含3个月)的再贴现不低于再贴现总量的70%;(3)投向比例:对国家重点产业、行业和产品的再贴现不低于再贴现总量的70%,对国有独资商业银行的再贴现不低于再贴现总量的80%。

再贴现与再贷款均可发挥总量调控的作用,也可作为信贷结构调整的工具。但2000—2013年,央行贷款在中国货币政策中基本不发挥作用。随着国际收支双顺差格局的转变,2015年以来再贷款作用有所上升（参见表1-1）。

表1-1　　　　　中国的再贴现发生额及余额　　　　单位：亿

	再贴现发生额	再贴现余额
1994	49	204
2001	2778	655
2002	0	0
2003	405	65
2004	223.7	33
2005	25	2.39
2006	39.9	18.2
2007	138.22	57.43
2008	109.7	0
2009	248.8	181.2
2010	0	791
2011	0	817
2012	0	760
2013	0	不详
2014	0	不详
2015	0	1305
2016	0	1165
2017	0	1829

资料来源：根据历年《货币政策执行报告》整理。

三　法定存款准备金

法定存款准备金制度包含多方面的内容。在此，我们只介绍中国法定存款准备金制度的两个方面。即准备金比率的调整和需要缴纳的准备金负债范围的调整。

中华人民共和国成立以后的相当长一段时间里，由于中国并没有现代商业银行体系,因而也就没有法定存款准备金制度。直到20世纪80年代中期,随着中央银行体制的建立,中国才开始建立法定存款准备金制度,而且在改革开放后的一段较长时间里,中国实行了很高的法定存款准备金比率。那时的高法定存款准备金比率是为了配合中国人民银行的直接信贷规模控制的调控手段,具有典型的金融抑制的特征。

1998年以来,法定存款准备金比率在中国货币政策中发挥着特别重要的作用(如图1-1所示)。同时,央行根据金融发展状况和货币政策调控需要,对金融机构缴纳法定存款准备金的负债进行动态调整。例如,1998年,将金融机构代理人民银行财政性存款中的机关团体存款、财政预算外存款,划为金融机构的一般存款。金融机构按规定比例将一般存款的一部分作为法定存款准备金存入人民银行。2008年以来,陆续将表内理财产品、国库现金管理定期存款、金融控股公司一般性存款、保证金存款纳入到了缴存准备金的一般性存款范畴。

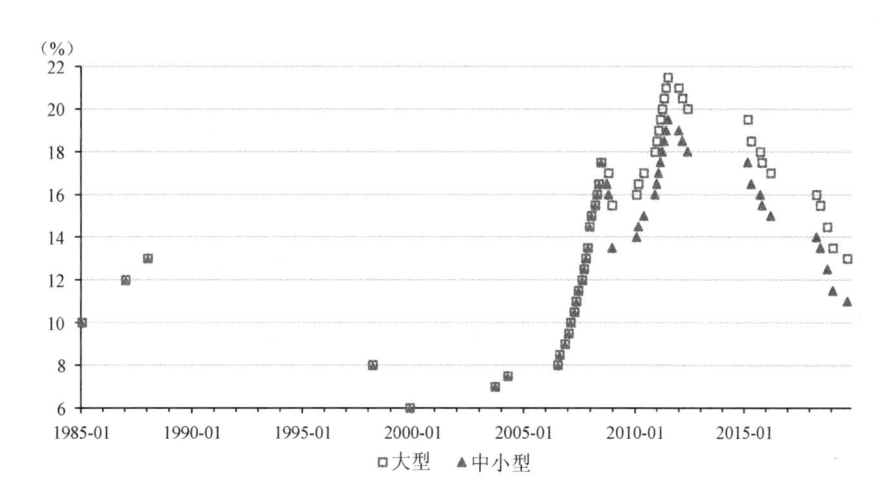

图1-1 中国人民银行法定存款准备金比率(单位:%)

在中国准备金政策的实践中,还建立了差别存款准备金制度。2004年4月实行差别存款准备金比率,金融机构适用的存款准备金率与其资本充足率、资产质量状况等指标挂钩。金融机构资本充足率越低、不良贷款比率越高，适用的存款准备金率就越高；反之，金融机构资本充足率越高、不良贷款比率越低，适用的存款准备金率就越低。2011年，结合宏观审慎理念和流动性管理需要，央行又引入差别动态准备金调整机制，对资本充足率较低、信贷增长过快、顺周期风险隐患增大的金融机构实施差别准备金要求。动态差别准备金要求把信贷增长与逆周期资本要求结合起来，引导金融机构信贷投放总量。2014年以来，定向降准是一个突出的特点。

不过，差别准备金制度的具体实施转向了定向降准，它是为支持三农和小微企业贷款、债转股等而实施的结构性货币政策。以2013年的首次定向降准为例，获得定向降准的条件是，"新增涉农贷款占全部新增贷款比例超过50%，且上年年末涉农贷款余额占全部贷款余额比例超过30%；或者，上年新增小微贷款占全部新增贷款比例超过50%，且上年年末小微贷款余额占全部贷款余额比例超过30%"。

此外，央行还在2018年春节前创设了临时准备金动用安排。从2018年1月中旬开始陆续使用期限为30天的临时准备金动用安排（CRA），高峰时累计释放临时性流动性准备金近2万亿元。CRA既对冲了春节前现金大量集中投放等因素对流动性的扰动，也满足金融机构对不同期限流动性的合理需求。春节后，人民银行通过CRA到期和逆回购到期对冲节后现金回笼增加的流动性。

四 公开市场操作

公开市场操作是货币政策的微调工具，具有法定存款准备金政策无法比拟的灵活性。1996年4月9日，中国人民银行开始实践以国债回购为主要内容的公开市场操作。每周二向作为一级交易商的14家商业银行发出回购招标书，一级交易商对回购的利率和数量进行投标。1997年后，公开市场操作由于商业银行参与投标的频率和数量不足而宣告暂停。直到1998年中国放弃信贷规模控制后，公开市场操作才又得以恢复。1998年之后，公开市场操作越来越重要。最初，中国的公开市场操作是以国债的正回购和逆回购为主要的操作方式。在1998年和1999年，中央银行公开市场操作主要是向金融体系投入基础货币，因而公开市场操作主要是从公开市场的一级交易商手中融入债券。

但随着贸易顺差的扩大和人民币升值压力的逐步增大，中国人民银行手中的政府债券量满足不了冲销流动性的需要。于是，中国人民银行开始大量发行央行票据。央行票据就是中国人民银行发行的债券。央行票据发行量不断增长，其发行方式也不断创新。例如，央行曾试图以数量招标——央行事先确定票据的利率，一级交易商根据该利率投标决定发行数量——的方式发行票据，以引导市场利率走向。中央银行自己确定的票据利率，往往与一级交易商的期望相差甚远。当一级交易商不接受中央银行确定的央行票据利率时，中央银行票据的发行就会出现流标，难以完成中央银行票据的计划发行量。另一个央行票据发行创新就是远期票据。2004年12月28日发行的2004年第103期央行票据，缴款日和起息日均为2005年2月21日，距发行日50余天，该一年期远期央行票据的中标利率为3.2418%，较同一天发行的即期一年期央行票据的利率低5个基点。由于远期交易具有价格发现功能，因此，远期央行票据的发行有利于中央银行更准确地判断未来利率的可能走势，改变了以往单纯通过公开市场操作来影响货币市场利率的做法。同时，它也反映出央行正试图提高政策的灵活性和市场化程度，并在回笼资金的同时，避免对当期市场的冲击。遗憾的是，后来再没有发行过远期央行票据。随着国际收支的变化、存款准备金在冻结流动性中地位的增强，央行票据在公开市场操作便日趋式微，乃至2013年6月之后，就再没有发行过央行票据。

不可否认，央行票据在中国货币政策操作乃至金融市场发展中均发挥过积极的作用，它不仅是央行冲销外汇占款的手段，在中国金融市场缺乏短期债券的情况下，发行期限较短的央行票据完善了中国债券市场及利率的期限结构。除了央行票据外，债券正回购与逆回购操作也是央行公开市场操作的主要手段，无论是正回购操作还是逆回购操作，期限都非常短，其主要作用也只在于调节市场流动性的短期变化。

在外汇占款持续上升的背景下，央行还尝试过外汇掉期操作的公开市场操作方式。外汇掉期是交易双方约定以货币A交换一定数量的货币B，并以约定价格在未来的约定日期用货币A反向交换同样数量的货币B。本质上看，央行的掉期交易与利用债券进行回购交易的公开市场操作在形式是一样的。一个完整的掉期交易与回购交易一样，都包含两个相互关联的交易过程。从对基础货币的调控效果来看，掉期交易类似于发行中央银行票据或正回购操作，减少了银行体系的人民币头寸。因此，货币掉期交易为人民银行提供了另一种控制货币供应的工具。通常认为，掉期操作具有价格发现的功能。在人民币持续升值预期下，通过掉期操作也反映了央行引导人民币汇率预期的意图。不过，虽然央行尝试过这种公开市场操作方式，但真正发挥的作用很小。

另外，自2006年起，央行便接受财政部委托展开国库现金管理，由公开市场操作通过利率招标将一定的国库资金转移到中标的商业银行。不过，国库现金管理只是单向的资金流动，它增加了基础货币的供给，对市场流动性具有扩张之效，因此，它不如通过央行票据的发行与赎回、债券正逆回购操作那样具有灵活调剂流动性的功效。

尽管公开市场操作仍将是货币政策微调的基本工具，但央行票据余额进一步下降，甚至不再体现在央行资产负债表的负债方，因此，公开市场操作的对象可能转向国债或金融机构债券。党的十八届三中全会关于全面深化改革的决定中指出，要完善国债收益率曲线，这意味着国债期限结构将会更加多样化，尤其是短期国债的经常性发行，不仅将完善政府债券市场结构，也为央行的货币政策操作提供更多的工具。当然，公开市场操作发挥的主要作用仍将是调节市场流动性和引导市场利率走向。2013年6月的"钱荒"事件之后，货币政策开始关注短期市场利率的波动，随后，创设了短期流动性调节工具，以对货币市场流动性出人意料的变化进行干预。由于任何局部金融市场的意外剧烈波动都可能对整个金融市场造成不利影响，因此，针对特定金融市场波动而展开的"定向公开市场"操作，也可能成为货币政策的新尝试。鉴于新常态下中国利率市场化改革已进入收官阶段，公开市场操作将不仅引导市场利率总体水平的变化，还将通过不同期限债券的操作引导利率期限结构的变化，提高货币政策传导的效率。

第四节 利率汇率市场化与货币可兑换改革

一 利率市场化

受各种因素的影响，中国原来一直忽视利率机制的作用。在改革开放后的较长一段时期，中国实行了严格的管制利率，而且，那时由于中国金融市场不发达，中国并没有形成完整的利率体系。随着中国经济市场化的加深，利率市场化改革也被提上了日程。

中国的利率市场化最早是从国债开始的。在20世纪90年代初，开始出现着眼于定价机制变化的市场化改革。1992年，中国实行国债承购包销，正式拉开了利率市场化序幕。1996年，放开银行间同业拆借利率，1997年，放开银行间债券市场回购及现券交易利率。由此，除了存贷款利率仍然受到管制之外，其余的利率基本实现了市场化。

1998年，中国开始了存贷款利率市场化的探索，存贷款利率市场化的目标是，提高金融机构的利率风险定价能力，实现市场机制在利率决定中的基础性作用。中国存贷款利率市场化的总体安排是："先外币，后本币；先贷款，后存款；先长期、大额，后短期、小额。"自此之后，中国人民银行就在不断地调整商业银行存贷款利率的自由浮动区间。1998年11月，金融机构对小企业的贷款利率可以在法定贷款利率基础上上浮20%，大中型企业可上浮10%。1999年9月，又将小企业的贷款利率上浮区间扩大到了30%。2000年，中国完全放开了外币存贷款利率，由市场供求决定外币存款利率水平。2004年1月，商业银行、城市信用社贷款利率的浮动区间上限扩大到了贷款基准利率的1.7倍，农村信用社贷款利率上限则扩大到了贷款基准利率的2倍。2004年10月，中国人民银行放开了贷款利率的上限和存款利率的下限，但仍对城乡信用社人民币贷款利率实行上限管制，其贷款利率浮动上限扩大为基准利率的2.3倍。中国金融机构人民币贷款利率基本过渡到了上限放开、下限管制；存款利率下限放开、上限管制的阶段。在2008年第4季度，为了应对美国次贷危机的不利影响，中国人民银行在实施宽松货币政策的同时，允许商业银行对居民住房抵押贷款利率可在贷款基准利率基础上向下浮动30%。2011年，中国利率市场化又迈入了一个新的阶段，即商业银行存款利率可在存款基准利率之上上浮10%，对企业的贷款利率可下浮20%。自2013年7月20日起全面放开金融机构贷款利率管制。取消金融机构贷款利率0.7倍的下限，由金融机构根据商业原则自主确定贷款利率水平，市场机制在利率形成中的作用大大增强。

在存款利率方面，2004年10月28日，中央银行在调整法定存贷款利率时，放开了存款利率下限。2012年6月8日，金融机构存款利率浮动区间的上限调整为基准利率的1.1倍。2014年11月22日，在下调存贷款基准利率的同时，将人民币存款利率浮动区间的上限由存款基准利率的1.1倍调整为1.2倍，并对基准利率期限档次作适当简并，金融机构自主定价空间进一步扩大。2015年3月、5月，将人民币存款利率上限由基准利率的1.2倍依次扩大到1.3倍和1.5倍；2015年5月，在全国范围内放开小额外币存款利率上限；8月，放开一年期以上（不含一年期）定期存款利率上限；10月，对商业银行和农村合作金融机构等不再设置存款利率上限，标志着利率管制基本放开。金融机构存款利率定价策略有所分化，存款利率初步形成分层。国有商业银行存款挂牌利率最低，地方法人金融机构普遍较高，股份制商业银行介于二者之间。同时，国有商业银行和股份制银行普遍对分支机构扩大了存款利率定价权限，授权分支机构根据自身经营策略、不同区域市场竞争环境、客户综合贡献度等因素差别化定价。

中国在推进利率体系市场化的进程中，也在积极地寻找基准利率体系的建设。主要的尝试包括：回购定盘利率、上海银行间同业拆放利率（Shibor）和贷款基础利率。

2006年3月，中国开始计算并发布回购定盘利率。它是在全国银行间债券市场具有基准性质的市场利率，不仅能为银行间市场成员回购交易提供价格基准，还能作为银行间市场成员利率互换、远期利率协定、短期利率期货等利率衍生品的参考利率。回购定盘利率的发布，是推动中国利率市场化进程的重要一环。2007年1月4日，上海银行间同业拆放利率（Shibor）运行。它是由信用等级较高的银行组成报价团自主报出的人民币同业拆出利率计算确定的算术平均利率，是单利、无担保、批发性利率，是中国金融市场体系中最重要的基准利率。

2013年10月，中国贷款基础利率集中报价和发布机制正式运行。贷款基础利率是每个工作日在各报价行报出本行贷款基础利率的基础上，剔除最高、最低各1家报价后，将剩余报价作为有效报价，以各有效报价行上季度末人民币各项贷款余额占所有有效报价行上季度末人民币各项贷款总余额的比重为权重，进行加权平均计算，得出贷款基础利率报价平均利率。贷款基础利率是商业银行对其最优质客户执行的贷款利率，其他贷款利率可在此基础上根据信用风险的差异加减点生成。贷款基础利率集中报价和发布机制是市场利率定价自律机制的重要组成部分，是上海银行间同业拆放利率（Shibor）机制在信贷市场的进一步拓展和扩充，有利于强化金融市场基准利率体系建设，促进定价基准由中央银行确定向市场决定的平稳过渡；有利于提高金融机构信贷产品定价效率和透明度，增强自主定价能力；有利于完善中央银行利率调控机制。为确保利率市场化改革平稳有序推进，为贷款基础利率的培育和完善提供过渡期，贷款基础利率集中报价和发布机制运行后，中国人民银行仍将在一段时间内公布贷款基准利率，引导金融机构合理确定贷款利率。

与此同时，中国人民银行还推进建设市场利率定价自律机制（以下简称自律机制），它是由金融机构组成的市场定价自律和协调机制，旨在符合国家有关利率管理规定的前提下，对金融机构自主确定的货币市场、信贷市场等金融市场利率进行自律管理，维护市场正当竞争秩序，促进市场规范健康发展。2013年9月，自律机制成立会议召开。首批自律机制成员包括工商银行等10家银行。自律机制下设合格审慎及综合实力评估、贷款基础利率（LPR）、同业存单、上海银行间同业拆借利率（Shibor）四个专门工作小组，已在建立贷款基础利率报价机制、发行同业存单中发挥了积极作用。

可以说，中国利率体系的市场化改革取得了非常大的成效。未来存贷款利率市场化的重点是，逐步提高商业银行的利率定价和风险管理能力，建立健全中国人民银行的利率调控体系，最终取消中央银行直接调节金融机构的存贷款基准利率，真正让资金供求、风险状况来决定存贷款的利率水平。

二 汇率机制市场化与人民币的可兑换改革

中国原来存在严格的汇率管制和汇率双轨制。1994年中国实现了汇率并轨，实行有管理的浮动汇率制。但在亚洲金融危机的冲击之下，人民币承受了巨大的贬值压力。为了避免东亚地区的竞争性货币贬值，中国在随后几年里事实上采取了钉住美元的汇率制度。然而，中国加入WTO和美国、日本等低利率的环境下，人民币在2003年之后又面临着升值的巨大政治压力。加之，汇率机制的市场化本身就是中国经济市场化改革的重要内容。于是，2005年中国改革了人民币汇率制度，实行了参考一篮子的有管理的浮动汇率制。随后数年里，中国根据可控性、稳定性和渐进性的三项原则，在发展人民币衍生品市场的同时，逐渐扩大了人民币汇率的波动区间，人民币汇率的灵活性不断增强。尤其是，2015年8月，中国改变了人民币汇率中间价的形成机制，汇率弹性进一步增强。为了降低汇率在不利环境下的过度剧烈波动，中国央行后来还建立了逆周期因子的汇率调节机制。

在人民币的可兑换方面，中国在1996年12月就实现了经常项目下的可兑换，不再限制经常性国际交易支付和转移，不再实行歧视性货币安排和多重汇率制度。但人民币资本可兑换的进展要缓慢一些，这是因为，许多国家的教训表明，在本国货币的汇率机制没有充分的灵活性之前，就实现资本账户下的可兑换或资本账户的全面开放，是极其危险的政策搭配。尽管稍显缓慢，但中国账本账户的开放还是在有计划地推进，且存在不对称性的特点。首先，对资本流动的限制较对资本流出的限制少，如中国自改革开放以来就一直大力吸引外商直接投资，而对中国在海外投资限制则较为严格。其次，在资本流入中，对以实物资本形成为主要目的的直接投资管制较少，而对投资证券的金融资产的限制则较为严格。随着中国外汇储备规模的急剧扩张，中国抵御人民币汇率不利波动的能力增强，中国对金融与资本项目的管制放松正在逐渐加快。在资本账户开放的早期，境外合格机构投资者（QFII）可以在额度内投资于中国的股票、债券市场，境内合格机构投资者也可以在一定额度内将人民币换成某种国外货币后投资于其他国家（地区）的证券市场；但现在中国已取消了对合格投资者投资于中国金融资产的额度管理，转而实行比例管理。股票市场中的"沪港通"和"深港通"，债券市场中的"债券通"，以及正在研究中的"沪伦通"等，都是中国在继续吸收国外直接投资的同时，鼓励国内企业和金融机构"走出去"的资本账户开放的新形式。尤其是，到2016年，中国就已经放开了境外机构对中国债券投资的限制，债券市场开放度大幅提高。根据IMF的标准，中国现在已经属于资本账户基本可兑换的国家，但不能据此断言中国已经完成了资本账户开放。事实上，中国将按照"先流入后流出、先长期后短期、先直接后间接、先机构后个人"的原则，进一步深化资本账户开放。人民币的可兑换改革，将有助于增加人民币在国际经济活动的使用范围。

第五节　小结

中华人民共和国成立以来的70年里，货币政策随着中国经济体制、国际国内环境的变化而不断改变。尤其是，改革开放以来，中国人民银行在实践中不断探索，结合中国发展的具体实际，没有被教条所束缚，不断改革和创新中国货币政策工具，灵活应对国内外环境变化带来的种种冲击，基本成功地完成了利率市场化改革，有序地推进了人民币汇率机制改革，并且没有像其他一些发展中国家那样在金融市场化改革中发生金融危机，必须说这是中国"摸着石头过河"改革智慧的成功。

第二章 人民币汇率政策及理论的演变

中华人民共和国成立以前，老一辈学者对汇率相关问题已提出了不少真知灼见。国内较早对汇率进行分析的典型代表是：何廉在明晰外汇市价、标准价格、权数、公式的基础上，计算了天津外汇指数，并进一步分析了1898—1926年天津汇市的外汇循环，首创了用经济理论和计量分析汇率的中国经济史范例①。对汇兑干涉（exchange intervention），张培刚指出政府要限制汇率，即在国外汇兑市场上采取的一种行动，其原因从影响汇率主要情况变迁来看，包括贸易不能达到平衡、资金流动不自由、投机增强等②。从货币价值的"内价与外价"来看，陈岱孙认为外汇汇率的涨落与国内经济的盛衰可能没有必然关系，即就货币价值而言，货币对外的价值与对内的价值也未必动止若合符节③。马寅初则指出，一国货币对外汇价之高低，为一国经济力量之指标，

---

① 何廉：《三十年天津外汇指数及外汇循环》，《清华大学学报》（自然科学版）1927年第2期。
② 张培刚：《对于汇率及其功能的认识》，原载《中国经济评论》1935年第2卷第11期（货币问题专号），载《张培刚集》，华中科技大学出版社2017年版，第227—228页。
③ 陈岱孙：《法币汇价问题》，原载《今日评论》（昆明）1939年第2卷第1期，载《陈岱孙文集》（上卷），北京大学出版社1989年版，第409页。

若听其自然，自能达到一平衡之点，倘强为规定，是否能为经济力量之代表，则不可得而知矣①。综上，当时的汇率研究与讨论已展现了以现实问题为导向和较高的研究水准。

中华人民共和国成立后，汇率问题虽不多见，但仍是经济研究和理论争鸣的热点。例如，对于购买力平价，李达指出，各国生产力发展不平衡导致价格发展的不平衡，而要排除这种不平衡，只是一种空想，从而想依靠安定物价以安定汇价的购买力平价说，根本上是不能成立的②。方皋认为汇价是国内外两种不同货币购买力的比较，只有彼此币值不变的时候，汇价才能保持稳定，否则，只要一方发生变化，汇价就应随之调整③。对于人民币，石武援引马克思关于货币符号的纯粹象征性质的说法，来论证从金币流通过渡到既没有法定兑换率、又不能兑现的纸币流通的可能性，并从对外关系论述了人民币没有必要规定与黄金的比率问题④。对此，黄达认为在石武的文章中看不出人民币对各种外币有比价的存在，更没有对这种比价实质的阐明，不足以对世界市场上通货金平价的作用问题给出结论⑤。值得注意的是，中华人民共和国成立后至改革开放以前，在我国计划经济体制下，人民币汇率动态演进和汇率制度变迁也表现出较强的计划经济特征，而人民币汇率市场化是在经历跨新世纪变革后，才迈出了决定性步伐，并在对外开放的改革进程中不断深化。

---

① 马寅初：《通货新论》，商务印书馆2010年版，第43、46页。
② 李达：《货币学概论》，载《李达文集》（第三卷），人民出版社1980年版，第768—770页。
③ 方皋：《对调整外汇牌价应有的认识》，《中国金融》1951年第1期。
④ 石武：《试论人民币在马克思主义货币理论上的根据》，《经济研究》1957年第2期。
⑤ 黄达：《人民币是具有内在价值的货币商品的符号》，《经济研究》1957年第4期。

第一节 对汇率概念及其功能认识

1948年12月1日，中国人民银行成立，并发行了统一的货币——人民币；1949年1月18日，人民币对西方国家的汇率首先在天津产生，全国各地以天津口岸的汇率为标准，根据当地的具体情况，公布各自的人民币汇率；1950年全国财经工作会议后，当年7月8日开始实行全国统一的人民币汇率，由中国人民银行公布；1979年3月13日，国务院批准设立国家外汇管理局，统一管理国家外汇，对外公布人民币汇率[①]。人民币汇率的重要改革从1978年党的十一届三中全会以后开始。回顾中华人民共和国成立以来人民币汇率的历史演变，有很多经验教训值得总结和吸取[②]。

一 对汇率及相关概念的理解

汇率问题是国家经济管理中的重要问题，汇率是本国货币同外国货币的兑换率，体现着货币的对外价值，汇率是宏观经济主要的调控手段和经济杠杆，根据马克思主义经济学原理，两国货币所代表的实际价值量的对比是决定汇率的基础。此外，作为一种金融资产价格，汇率在国民经济中的重要性显而易见，各国政府都需要制定适当的汇率政策，以便在国民经济发展中充分发挥汇率的调节作用，汇率政策的根本目的就在于实现内外平衡[③]。

---

① 钱荣堃、陈平、马君潞：《国际金融》（修订第四版），四川人民出版社2006年版，第80页。

② 刘鸿儒：《序言》，载吴念鲁、陈全庚《人民币汇率研究》（修订本），中国金融出版社2002年版。

③ 陈彪如等：《人民币汇率研究》，华东师范大学出版社1992年版，前言。

（一）中华人民共和国成立以后，人民币汇率多次调整，汇率决定备受关注

对于如何掌握汇价，尚明、詹武指出，在物价尚未稳定时期，为照顾出口，根据物价情况机动调整外汇牌价[①]，如美汇牌价从 1949 年 4 月 10 日的 618 元提高到 1950 年的 42000 元，上升近 67 倍；1950 年 4 月后，国内物价稳定，国外物价急剧上升、货币日益贬值，我国又及时提高人民币购买力，将美汇价从 42000 元逐步压至 22490 元，贬值近一半。从 1949 年到 1950 年 3 月全国财经工作会议前，人民币对美元汇率共调整 52 次；从 1950 年 3 月至 1951 年 5 月，人民币汇率共调整 15 次[②]。1952 年 12 月，人民币对美元汇率又调整为 26170 元；1953—1972 年期间，人民币汇率除对个别外币公开贬值或升值及时调整外一般均保持稳定不变，如对美汇价在近 20 年内始终未变；对英镑的汇率，只是在 1967 年 11 月随着英镑公开贬值 14.39%，从原先的 1 英镑折合 6.893 元调整到 5.908 元，其中，1955 年我国发行新人民币，以 1∶10000 的比例收兑旧人民币，人民币汇率也相应作了调整[③]。

（二）改革开放以后，人民币汇率调整问题开始受到关注

从汇率调整的原则来看，王东民指出，汇率调整的原则应使本国的主导出口商品在国际市场上保持一定的价格竞争能力，对于一个处于经济起飞阶段的发展中国家来说，其汇率政策应该与外贸发展战略是一致的——在相对封闭经济阶段，实行进口替代战略，维持汇率高估；在进入相对开放经济阶段后，实

---

① 尚明、詹武：《外汇牌价下降与对外贸易》，《中国金融》1950 年第 1 期。

② 吴念鲁、陈全庚：《人民币汇率研究》（修订本），中国金融出版社 2002 年版，第 7、8 页。

③ 钱荣堃、陈平、马君潞：《国际金融》（修订第四版），四川人民出版社 2006 年版，第 80 页。

行出口导向战略,维持汇率的低估——只有这样,发展中国家才能合理地利用价格、汇率等经济杠杆,将国内的生产力布局和资源分配,逐渐由落后的封闭经济结构转向先进的开放经济结构①。

(三)汇率合理化与经济转型汇率演变规律备受关注

汇率变动反映的是一种货币现象,当一种货币稀缺时,该种货币的价格上升,反映在汇率上就是该种货币升值,从一国角度来看,货币的稀缺主要是指外汇的稀缺,随着对外开放在深度和广度上不断扩展,汇率的合理化将成为必要,这不仅是一个趋势,也是一个过程,需要通过适当的途径②。对于汇率的合理化,周小川、谢平等认为,应采用促进和保证国际收支平衡的均衡汇率这个概念,这种汇率是由市场供求关系所确定的。对于转轨国家,在贸易体制转型过程中,需要一个本币定值先降低再回升并爬高的过程③。1994年以来人民币汇率的变动和转轨与经济汇率演变的规律相当吻合,也走了一条从贬值到升值再到稳定的道路,在实践中在中长期内稳步、渐进地完善人民币汇率运行机制将成为政策制定者面临的重要任务。在人民币汇率改革中,确定汇率形成机制变革和汇率水平优先次序选择至关重要,李扬、余维彬认为,机制改革优先,并且在改革过程中始终重视汇率稳定,应当是人民币汇率改革基本战略④。

---

① 王东民:《经济起飞阶段的汇率政策问题》,《管理世界》1986年第6期。

② 胡晓炼:《中央银行汇率政策的选择》,《金融研究》1989年第7期。

③ 周小川、谢平等:《走向人民币可兑换》,经济管理出版社1993年版,第3、91页。

④ 李扬、余维彬:《人民币汇率制度改革:回归有管理的浮动》,《经济研究》2005年第8期。

二 国内对于汇率功能的认识

在国内对汇率功能的理解阐释始于民国时期。陈岱孙在《金汇本位与战后欧洲金融》中也曾指出，国际汇率的稳定是国际贸易之基础，国际汇率之不定是国际工商业之大阻碍。[①] 马寅初在《通货新论》中指出，汇兑市场是经济政策神经系统的中枢，外汇是各项价格中感应最灵之物，应重视货币的质的因素，而非仅量的因素，可称之为货币性能说（Qualitative theory of money）。[②] 陈岱孙在"法币汇价问题申论"中认为可以通过汇率自然变动以达成"市场出清"，而非像传统汇率理论将汇率摆上一个很玄妙的位置，从而汇率稳定成为一个国家经济能力的"晴雨表"[③]。

（一）汇率是具有综合意义的价格

汇率是一个经济范畴，它体现一国货币与他国货币之间的比价关系，在市场经济条件下，汇率是一个重要的经济杠杆，对宏观经济和微观经济都能进行灵活调节，对国民经济发展有着不可忽视的作用[④]。汇率是宏观经济主要调控手段和经济杠杆，它不仅直接影响对外贸易、资本流动与国际收支的平衡，而且对货币流通速度和通货膨胀也会产生一定的影响，从而对一国的财政、投资和资源配置发生作用；汇率对宏观经济和微观经济都能够进行灵活调节，对国民经济发展具有不可忽视的作用。在开放背景下发挥价格机制的调节功能，关键在于汇价

[①] 陈岱孙：《金汇本位与战后之欧洲金融》，《清华学报》1934年第4期。
[②] 马寅初：《通货新论》，商务印书馆2010年版。
[③] 陈岱孙：《法币汇价问题》，原载《今日评论》1939年第2卷第1期，载《陈岱孙文集》（上卷），北京大学出版社1999年版。
[④] 李禾：《关于人民币汇率改革的研究》，《管理世界》1987年第2期。

机制的运行，汇价的实质是两国货币各自所含的综合购买力的交换比价，这一比价的确立和变化比任何一个单独领域内价格调整（如农副产品价格改革、工业品价格改革等）影响都大，带有全局性的效应①。从性质上讲，汇率是一种价格，一种重要而又有综合意义的价格，其具有价格的一般特性，并且伴随汇率的趋向合理化将大幅改变外汇分配机制，从而带动全社会资源配置的效率提升②。

(二) 人民币汇率功能的历史审视

计划经济时期，外汇资源高度集中，一方面用于重点经济建设项目，另一方面，对维护人民币汇率的基本稳定起到了积极作用③。改革开放实践证明，人民币汇率改革是同我国对外开放和经济体制改革相适应的，促进了对外经贸往来和利用外资的发展。回顾历史，在高度集中的计划体制下，由于并不存在外汇市场，人民币汇率仅仅是充当核算工具而并没有发挥经济杠杆的作用。人民币从诞生的第一天起就未与黄金建立联系（没有规定含金量），1949年1月19日在天津一度对美元挂牌，以中国大宗进出口商品与美国同类商品的物价值之比作为主要依据，并随两国物价的变化进行调整④。人民币汇率的功能在20世纪80年代之前主要是调节侨汇等非贸易外汇收支，陈健梁指出，其制定的根据是外事人员和侨眷消费品的国内外价

---

① 王振中：《汇价水平的变化与对外经济的发展》，《经济研究》1986年第5期。

② 周小川、谢平等：《走向人民币可兑换》，经济管理出版社1993年版，第3、91页。

③ 吕进中：《中国外汇制度变迁》，中国金融出版社2006年版，第78—79页。

④ 陈彪如等：《人民币汇率研究》，华东师范大学出版社1992年版，前言。

格之比①。这种制度在当时的条件下是可行的。王东民指出，汇率作为用一种货币来表示的另一种货币价格，具有以下三个方面的功能：第一是连接国内市场与国际市场纽带的功能，第二是反映进出口贸易商品供求信号的功能，第三是调节利润以及资源再分配工具的功能②。陈彪如等指出，汇率的确定，在一国经济发展战略中，起着极为重要的作用，如果汇率确定得当，就可对一国的经济发展产生积极的促进作用；现行国际汇率的基本趋势是使汇率具有较大的灵活性，人民币也应实行弹性安排③。

（三）汇率作为要素市场重要价格

市场经济转型条件下，随着对外开放的日益扩大，中国经历了两个双重汇率时期：一是人民币官方双重汇率体制时期，二是官方汇价和外汇调剂价格（市场汇率）并存的双重汇率体制时期。此后又进行了两次重大改革，一是1994年汇率并轨，二是2005年人民币汇率形成机制改革。在计划经济时期，汇率对经济的调节作用受限，加重了汇率调整的压力，伴随人民币汇率升值，将使资源更多地从贸易品部门流向非贸易品部门，促进服务业第三产业的发展和经济结构调整；进一步增加人民币汇率弹性，有利于为生产要素价格改革创造稳定的低通胀环境，而不会妨碍广义生产要素价格调整，使其在微观基础上更好发挥价格对资源配置的基础性作用④。进入20世纪以来特别

---

① 陈健梁：《汇率理论与人民币汇率制度》，《中国社会科学》1986年第4期。

② 王东民：《经济起飞阶段的汇率政策问题》，《管理世界》1986年第6期。

③ 陈彪如等：《人民币汇率研究》，华东师范大学出版社1992年版，前言。

④ 胡晓炼：《生产要素价格调整与汇率机制改革的配合关系》，中国人民银行网站，http：//www.pbc.gov.cn/，2010年7月28日。

是国际金融危机以后，从汇率与宏观经济的关系来看，汇率作为要素市场的重要价格，是有效配置国内国际资金的决定性因素，汇率会影响国内国外两种资源的配置效率。一般认为，汇率灵活性越高，对资源配置越有效率，也越有利于实现经济内部均衡①。

第二节　对汇率理论与制度选择的探讨

汇率理论是国际金融的核心理论。从理论上看，汇率理论不外乎论证汇率决定和汇率变动，而汇率变动又是同国际收支的调节相联系的，所以国际收支理论与汇率理论是密切联系的，但西方国家还没有一套完整的理论，将汇率问题与国际收支问题有机地联系起来，作出充分的说明。汇率决定基础理论所要解决的问题是探求决定汇率的基本因素与汇率中心值之间的本质的、内在的、客观的联系②。西方重要的汇率决定理论有购买力平价说、外汇供求流量说、利率平价说和资产市场说，各种流行的汇率理论强调了不同因素的作用，其共同目的都是为西方国家的政府出谋划策，为寻求有利的汇率政策提供理论根据③。

一　对于汇率决定理论的理解
（一）马克思主义经济学中的汇率决定

马克思在《资本论》第三卷中指出："众所周知，汇兑率是

---

① 戴相龙：《领导干部金融知识读本》（第三版），中国金融出版社2014年版，第334页。
② 刘墨海：《人民币汇价问题》，《经济研究》1988年第11期。
③ 钱荣堃：《人民币汇率的理论与政策问题》，载钱荣堃《国际金融专论》，中国金融出版社1991年版，第132、148页。

货币金属的国际运动的晴雨表。"① 在马克思看来，无论是金属货币还是纸币，只要其本身价值发生变动，即可以引起汇率的变动。② 马克思在《资本论》中还阐述了利息率与汇兑率的关系和变动的原因，指出利息率会影响汇兑率，汇兑率也会影响利息率。但汇兑率变动时，利息率可以不变；利息率变动时，汇兑率也可以不变，因为利息率和商品价格各自进行着完全独立的运动，而利息率的运动同金属贮藏和汇兑率的运动恰好相适应③。

（二）基于短期的利率平价分析

利率平价理论认为：在资本项目开放的条件下，由于货币投机商的存在，一国提高利率在导致本币现汇汇率升值的同时将导致本币远期汇率贬值，本币远期汇率的贬值幅度为本外币利差④。张萍研究表明，利率平价在中国有着特殊的表现形式，其反映了国内金融运行机制从原计划经济下封闭的行政管制模式向金融自由化迈进过程中，汇率、利率与资本流动之间的不协调的关系。当市场普遍预期人民币汇率将单向升值（贬值）或保持稳定时，国内与国际金融市场之间基本稳定的利差将形成相对稳定的风险溢价⑤。金中夏、陈浩基于利率平价理论构建了人民币升值压力指标，结果表明利率平价在我国不是以汇率

---

① 马克思：《资本论》（第三卷），人民出版社 2004 年版，第 651 页。

② 张志超：《汇率论》，格致出版社、上海三联书店、上海人民出版社 2017 年版，第 13 页。

③ 陈岱孙、商德文：《近现代货币金融理论研究——主要流派理论比较》，商务印书馆 1997 年版，第 85 页。

④ 高善文：《热钱影响人民币汇率形成吗？》，《金融研究》1998 年第 7 期。

⑤ 张萍：《利率平价理论及其在中国的表现》，《经济研究》1996 年第 10 期。

自由浮动形式表现，而是以外汇储备累积速度变化来体现①。肖立晟、刘永余认为人民币非抛补利率平价并不成立，且近期偏离程度越来越高②。随着中国资本账户逐渐开放，以中间价为基础的人民币汇率形成机制与资本账户的开放，在短期正面临越来越突出的矛盾。

（三）基于中期的国际收支汇率分析

我国外汇工作者调整人民币汇率的方法，有其充分理论依据，其一是国际收支均衡论，或外汇流量平衡论③。结合什么是汇率的合理化，周小川、谢平等认为，应该采取促进和保证国际收支平衡的均衡汇率这个概念，这种汇率是由市场供求关系所确定的，而所谓由供求关系确定的汇率，可以由市场决定，也可由政府根据市场信号，非常近似地将汇率确定在供求平衡点附近，并随时间根据市场实际情况变化，进行浮动性管理④。此外，尽管资本流动确实是汇率形成的一个独立的决定因素，但是，其影响程度与经济体的规模成反比；从中长期来看，不管人们的意愿如何，随着经济成长持续到一定时候，市场汇率总会逐步趋近于购买力平价，并且最终在其左右波动。在此前提下，本币是否升值及升值多少取决于实际的消费价格上涨水平⑤。

---

① 金中夏、陈浩：《利率平价理论在中国的实现形式》，《金融研究》2012年第7期。

② 肖立晟、刘永余：《人民币非抛补利率平价为什么不成立：对4个假说检验》，《管理世界》2016年第7期。

③ 陈建梁：《评人民币汇率调整的理论依据——兼评实际汇率分析法》，《经济研究》2000年第1期。

④ 周小川、谢平等：《走向人民币可兑换》，经济管理出版社1993年版。

⑤ 郭树清：《中国经济的内部平衡与外部平衡问题》，《经济研究》2007年第12期。

（四）基于长期的购买力平价分析

购买力平价理论是说汇率由两国货币购买力之比决定，汇率的变化由货币购买力之比的变化决定，要想得到有意义的购买力平价，必须有对货币购买力的准确衡量，而要准确衡量货币的购买力，最重要的是要有一套能够准确反映商品价值的价格体系①。在现实情况下，由于中国与美国经济发展程度、经济结构和消费结构差异甚大，无法找到适合两国篮子的商品，从而按一价定律计算出平价，再加上两国的税收、价格、福利、补贴政策差异很大，因此，计算人民币对美元的绝对购买力平价，会有许多数值，难以令人信服②。巴拉萨—萨缪尔森效应，对异国经济成长过程中劳动生产率追赶与实际汇率变动之间的联系提出了理论推测③。世界银行2005年购买力平价数据显著降低了关于人民币低估程度的估计，根本性改变了人民币汇率问题争议的形势，而有关世界银行数据本身被低估的观点未必成立④。

（五）从市场经济宏观视角看汇率决定

在市场经济中，汇率决定机制通过反映国与国之间劳动生产率差异的价格比率的相对差异，决定了进出口商品的数量和结构，进而又决定汇率⑤。中央银行"吞吐"外汇的价格就是导致外汇市场外汇供求均衡的价格，即中央银行扮演该市场价格决定者的"角色"。如果市场上美元供不应求，美元趋升，中

---

① 李禾：《购买力平价论》，《中国社会科学》1985年第6期。
② 熊贤良：《人民币市场汇率及我国经济的内外部平衡》，《管理世界》1995年第3期。
③ 卢锋、韩晓亚：《长期经济成长与实际汇率演变》，《经济研究》2006年第7期。
④ 杨长江、钟宁桦：《购买力平价与人民币均衡汇率》，《金融研究》2012年第1期。
⑤ 刘墨海：《人民币汇价问题》，《经济研究》1988年第11期。

央银行为了维持"目标汇率"会以较低的价格抛售美元给其他金融机构；若美元供过于求，美元趋降，中央银行会入市以较高的价格"吃进"美元，抛售人民币①。从开放经济宏观分析框架看，易纲等指出，汇率作为两种货币的比价，反映的是两国生产要素、资产和一切商品的比价，在市场经济体中，汇率通常可作为快变量，能对不平衡进行快速调整，作为开放经济条件中重要的宏观调控工具之一，完善人民币汇率形成机制的最有效方式就是继续改革②。从实际汇率及竞争力角度看，劳动生产率和全要素生产率不仅是人民币汇率变化的基本因素，也是对中国经济形势、宏观政策、贸易顺差、外汇储备等现象最重要、最基本的解释变量。从中国进行价值重估的制度因素看，社会主义市场经济体制和依法治国框架的基本形成是人民币走强的制度因素③。

二 汇率制度选择的理论思考

汇率制度选择的直接目标是实现内外平衡，而最佳的汇率制度选择还要取决于一国的经济条件。一般认为，关于汇率制度的选择，主要考虑以下几个因素：（1）经济规模；（2）进出口贸易的商品结构和地理分布；（3）同国际金融市场的联系程度；（4）通货膨胀率的差异；（5）对外开放程度④。对于固定汇率和自由浮动汇率及二者之间的各种有管理浮动汇率制度安

---

① 熊贤良：《人民币市场汇率及我国经济的内外部平衡》，《管理世界》1995年第3期。

② 易纲、张帆：《宏观经济学》，中国人民大学出版社2008年版，第522—547页。

③ 易纲：《中国金融改革思考录》，商务印书馆2009年版，第215—236页。

④ 陈彪如等：《人民币汇率研究》，华东师范大学出版社1992年版。

排，资本账户没有开放的发展中国家是不可能有完全自由浮动的汇率制度的，在国际货币体系的游戏规则改变之前，在资本账户开放的情况下，实行中间汇率制度将很危险，而只有汇率完全市场化才是有效而保险的①。在浮动汇制下，汇率运动的复杂性使得越来越多的人同意汇率的决定是非线性的，汇率形成的非线性机制使得汇率的变动有可能演化为某种混沌状态，一旦汇率的运动进入混沌状态，汇率的波动将变得不规则和难以预测②。

(一) 对于不同汇率制度的选择

钉住的、但可调整的汇率制度，不但使其他资本主义国家货币的汇率钉住美元，成为美元的附庸，而且在它们发生国际收支危机和汇率动荡时，还要耗费大量的国际储备进行干预，来维持这种附庸地位③。发展中国家选择汇率制度最基本的原则有两条：一是"有效性原则"即所选择的汇率制度能有效地协调本国国内经济与对外经济关系发展，有效地促进政府宏观经济目标的实现；二是"最小成本原则"即指所选择的汇率制度在面临环境变化需要调节汇率比值时所发生的社会成本最小④。正如《新帕尔格雷夫货币金融大辞典》所指出的，从弹性汇率的成本收益看，尽管根据许多衡量尺度来说幅度较大，但并不比其他资产价格的波动更强烈，关键的问题是价格运动是否与各自市场中的信息效率相一致。然而，即使外汇市场能被证明信息是有效率的，也可能不是社会有效率的，事实上，浮动汇

---

① 易纲：《汇率制度的选择》，《金融研究》2000 年第 9 期。
② 崔孟修：《汇率决定的混沌分析方法》，《管理世界》2001 年第 2 期。
③ 史道源：《战后资本主义国家的汇率制度》，《国际贸易问题》1977 年第 5 期。
④ 魏尚进：《我国汇率制度改革新探》，《世界经济文汇》1986 年第 5 期。

率的社会无效率正是国际金融稳定性争论焦点①。从国际货币基金组织对各国汇率政策进行监督的汇率评估看,自20世纪80年代以来,国际汇率体系不断向具有更大灵活性的安排转变,从钉住单一货币向钉住合成货币转变,从有限弹性向管理浮动或独立浮动转变②。通过比较研究固定钉住汇率、浮动汇率、目标区汇率以及有管理的浮动汇率制度,齐琦部指出没有一种汇率制度是完美的、不存在任何不足和风险,也没有任何一种汇率制度适合于所有国家和所有时期③。

(二)从"三元悖论"到"二元悖论"

20世纪60年代,从蒙代尔—弗莱明(M-F)模型对不同程度资本流动下货币政策效应的结论得出了著名的蒙代尔"不可能三角"理论,即货币政策独立性、资本自由流动与汇率稳定这三个政策目标不可能同时达到,只能三选其二,舍弃一。1999年,美国经济学家保罗·克鲁格曼又画出了一个"永恒的三角形",展示了蒙代尔"不可能三角"的内在原理。在国内,易纲和汤弦又把"不可能三角"进一步发展成为"扩展不可能三角",提出处于浮动和固定之间的汇率制度可能诱发金融危机,金融体系将向完全浮动或完全固定这两个"角点解"演化④。金融全球化下,传统的政策工具受到了来自外部更大的制约,以至于有的学者提出,当下宏观政策所面临的局面已经从"三元悖论"变成了"二元悖论",即只要资本账户开放,资本

---

① Perter Newman, Murray Milgate, John Eatwell, *The New Palgrave Directionary of Money and Finance*, Macmillan Press Limited, 1992.

② 周小川、谢平等:《走向人民币可兑换》,经济管理出版社1993年版。

③ 齐琦部:《论中国汇率制度的选择》,《金融研究》2004年第2期。

④ 易纲、汤弦:《汇率制度"角点解假设"的一个理论基础》,《金融研究》2001年第8期。

流动不受限制，无论何种汇率制度下货币政策都难以保持独立和有效，货币当局只能在资本自由流动和独立货币政策之间二选一①。伍戈和陆简基于"二元悖论"建立了浮动汇率制度下货币政策失效的经济模型，其核心在于全球避险情绪的影响②。此外，河合正弘、刘利刚分析了中国经济所面临的三元悖论困境③。孙国峰、李文喆提出"不等边不可能三角形"，并在"不等边不可能三角形"成立的前提下推导出了不同汇率制度下针对跨境资本流动的最优宏观审慎管理水平④。

（三）人民币汇率制度改革

对人民币汇率制度改革的起点，究竟始于人民币汇率水平的变动，继之以汇率形成机制的调整；还是始于汇率形成机制的调整，而将汇率水平的变动置于相对次要的地位？变动水平和改变机制何者优先，并非简单的策略选择，而是集中体现了对汇率制度本质的认识的差异：关注汇率形成机制并将其置于优先地位，着眼点在于创造一种与社会主义市场经济相适应的市场化的汇率形成机制；而着眼于汇率水平的变动并促其先行调整，其实质不过是用一种管制汇率代替另一种管制汇率，其思路并未脱离开行政性调控的窠臼⑤。区分"制度"和"机制"

---

① Rey, Hélène, "Dilemma Not Trilemma: The Global Financial Cycle and Monetary Policy Independence", Proceedings-Economic Policy Symposium-Jackson Hole, 2013.

② 伍戈、陆简：《全球避险情绪与资本流动——"二元悖论"成因探析》，《金融研究》2016年第11期。

③ 河合正弘、刘利刚：《中国经济面临的三元悖论困境》，《新金融》2015年第6期。

④ 孙国峰、李文喆：《货币政策、汇率和资本流动——从"等边三角形"到"不等边三角形"》，《中国人民银行工作论文 No. 2017/3》2017年3月30日。

⑤ 李扬、余维彬：《人民币汇率制度改革：回归有管理的浮动》，《经济研究》2005年第8期。

确有必要,"人民币汇率机制"是"人民币汇率制度"的实现形式①。问题在于,应该选择什么样的汇率制度?是完全浮动汇率制还是完全固定汇率制,抑或是所谓的中间汇率制度?对此,郭建泉认为,虽然对我国汇率制度实施重大改革、实现人民币自由浮动的条件尚未成熟,但是,仍可以在允许的情况下进行微调②。人民币汇率制度改革关键在于两个方面:首先,建立能够反映中国经济发展实际需要的人民币汇率调整机制;其次,尽量减少由于汇率调整带来的宏观经济风险,尤其是对人民币的恶性投机,或者是短期内产出水平的大幅波动③。从福利角度,姚斌应用"新开放宏观经济学"框架,建立了人民币汇率制度选择的结构化模型,指出,随着国际实际需求和国际价格指数的不断增长,为进一步提高我国居民的福利水平,人民币汇率制度应该继续朝着更具灵活性的战略方向发展④。通过 DSGE 模型设定不同条件下的货币政策规则与汇率政策规则,并结合长期平衡均衡条件的福利比较表明,资本自由流动对贸易不平衡调整有福利增进效应,2005 年人民币汇率改革后的经济波动是汇率渐进调整政策下价格水平被动调整的结果⑤。

---

① 张晓朴:《关于人民币汇率机制中长期改革的几点思考》,《管理世界》2000 年第 1 期。
② 郭建泉:《汇率制度的演变趋势和我国的选择》,《管理世界》2001 年第 3 期。
③ 张斌:《人民币汇率重估与汇率制度改革——基于均衡汇率理论的视角》,《管理世界》2004 年第 3 期。
④ 姚斌:《人民币汇率制度选择的研究——基于福利的数量分析》,《经济研究》2007 年第 1 期。
⑤ 黄志刚:《货币政策与贸易不平衡的调整》,《经济研究》2011 年第 3 期。

三 汇率与其他政策间的关系

经济的内外部平衡常常并不是"非此即彼"或"不可兼得"的,我国的目标应是努力缩小两种不平衡,同时实现两种平衡;除非是在一种不平衡极为严重的情况下,不能不以破坏另一种平衡的方式来使之恢复平衡,但也应尽量不以损害内部平衡的方式来恢复外部平衡。因为我国是大国,国内经济活动占主体,这要求在消除不平衡的过程中,需要注意选择适当的政策工具[①]。在政策上,从所面对不平衡的市场调整看,易纲等指出要么是慢变量的黏性价格调整,要么是快变量的汇率调整,并且这两个渠道如果压制了其中一个力量,就会鼓起另外一个变量。对于价格调整,主要是要素和资产价格的上涨,而充足的流动性是价格调整的润滑剂;对于汇率调整,从长远看,作为一个大国,中国不可能放弃货币政策的独立性,面对"三元冲突",资本自由流动和浮动汇率制度将是中国的必然选择[②]。

(一)汇率政策与货币政策协调

在长期,需要引入实际汇率(将名义汇率进行价格调整后即为实际汇率),以此来衡量国际竞争力。实际汇率本身显然不是一个政策变量,而是若干政策产生的后果,其中,货币政策对汇率的影响尤其重大[③]。一个全面自由化的开放经济(实体经济自由化、金融自由化、资本项目开放和汇率自由浮动)在外部冲击下具有最好的稳定性;从保持稳定性的角度看,一个受到全面管制的开放经济(实体经济受到干预、金融管制、资本

[①] 熊贤良:《人民币市场汇率及我国经济的内外部平衡》,《管理世界》1995年第3期。

[②] 易纲、张帆:《宏观经济学》,中国人民大学出版社2008年版。

[③] 周小川、谢平、肖梦、杨之刚:《人民币走向可兑换》,经济管理出版社1993年版。

项目管制和汇率固定）要过渡为一个全面自由化的经济，需要有一个合理的次序：资本项目开放应在实行浮动汇率制之后；国内金融市场自由化和实体经济的自由化应在放弃固定汇率制之前①。陈雨露和周晴重点研究浮动汇率制度选择下的货币政策操作，除考虑利率、汇率因素外，还考虑了货币供应量指标，其实证计量结果表明：目前中央银行调控经济的主要手段是货币供应量，货币政策规则主要是相机抉择行为②。袁鹰结合我国国情和具体制度环境，对我国开放条件下货币政策规则的选择与运用问题进行了理论与实证分析，指出在货币政策制定的过程中充分考虑汇率的作用，将利率和汇率纳入一个动态的系统中将是必然的趋势③。

（二）汇率政策与国际政策协调

《卢浮协议》是在1986年5月东京高峰会议后，1987年2月在巴黎集会上签订的，同年4月8日，又在华盛顿召开了七国集团会议。从当时的一连串高峰会议发表的公报来看，各国政府是认识到了协调经济政策对稳定汇率，使汇率组合合理化和避免保护贸易抬头的重要性④。从长期观点看，长期因素在短期内也很重要，因为对未来的预期在汇率日常决定中发挥着重要作用。例如，有关经常账户的消息能够对汇率产生甚大冲击⑤。

---

① 李扬、殷剑峰：《开放经济的稳定性和经济自由化的次序》，《经济研究》2000年第11期。

② 陈雨露、周晴：《浮动汇率制度下货币政策操作模式及中国货币状况指数》，《世界经济》2004年第7期。

③ 袁鹰：《开放经济条件下我国货币政策规则的选择与运用》，《金融研究》2006年第11期。

④ 周林：《浮动汇率和西方大国宏观经济政策的协调》，《金融研究》1987年第8期。

⑤ Paul R. Krugman, Maurice Obstfeld, Marc J. Melitz, *International Finance: Theory and Policy* (10e), Pearson Education, 2015.

国际金融危机以来，很多研究者认识到，仅靠货币政策工具层面的协调是不够的，更重要的是推进制度建设，推动国际金融治理体系改革，有关国际货币体系改革、超主权货币体系、区域金融合作等成为研究热点①。孙国峰和李文喆在"不等边不可能三角形"成立的前提下，推导出最优货币政策国际协调水平，并证明了即使汇率自由浮动，中央银行也应对跨境资本流动实施一定的宏观审慎管理，提出了"宏观审慎管理＋汇率灵活性＋货币政策国际协调"的新宏观金融政策框架②。

（三）内外平衡冲突协调下人民币汇率政策

人民币汇率这一政策工具对于维持外部平衡之所以非常重要，主要就是因为它也能直接影响到产品的价格竞争力，作为我国产品竞争力基础的则只能是我国企业与其他国家企业相比的效率水平；我国推进外汇体制市场化改革的目的，就是把调节对外贸易不平衡的任务交给外汇市场，让人民币自由浮动③。人民币汇率政策就是要防止人民币汇率动态从好事变为坏事，它要满足三个约束条件：国际收支不受流动性约束、资本账户的适当管制与均衡经济增长④。当外国利率失衡时，若两国货币政策之间缺乏一定的协调配合机制，本国利率和汇率的同时均衡将成为一个不可能完成的任务，利率和汇率失衡后的动态最优调整路径取决于利率和汇率相对于各自均衡状态的失衡程度，

---

① 陈雨露：《国际金融危机以来经济理论界的学术反思与研究进展》，《国际金融研究》2017年第1期。

② 孙国峰、李文喆：《货币政策、汇率和资本流动——从"等边三角形"到"不等边三角形"》，《中国人民银行工作论文 No.2017/3》2017年3月30日。

③ 熊贤良：《人民币市场汇率及我国经济的内外部平衡》，《管理世界》1995年第3期。

④ 李天栋：《人民币汇率政策的目标与条件——基于经济增长视角的研究》，《国际贸易》2006年第6期。

应先调整失衡程度较重者,后调整失衡程度较轻者①。对于中国,使用最大似然法对包含和不包含金融加速器的 DSGE 模型参数估计,部分解释了 1997—2008 年中国宏观变量波动特征,得出了固定汇率相对于浮动汇率可能会加大经济波动的结论②。

四 均衡汇率理论与实证

作为汇率理论中的核心问题之一,均衡汇率是判断汇率水平是否失调以及汇率政策是否需要调整的主要依据。但是,围绕着均衡汇率问题充满着各种争议和疑问。对于均衡汇率的存在意义是有争议的。凯恩斯曾提出均衡汇率的理论雏形,而罗宾逊夫人却利用储蓄和投资分析法认为均衡汇率这个概念没有多大意义③。对于人民币均衡汇率分析,国内学者(如王泽填、姚洋④;谷宇等⑤;胡春田、陈智君⑥;秦朵、何新华⑦)对人民币均衡实际汇率进行了深入研究,并认为人民币实际汇率不存在较大失调。值得注意的是,既有均衡汇率理论研究的出发点是论证与经济结构相协调的汇率水平,其标准常规测算方法

---

① 金中夏、洪浩:《国际货币环境下利率政策与汇率政策的协调》,《经济研究》2015 年第 5 期。

② 袁申国、陈平、刘兰凤:《汇率制度、金融加速器和经济波动》,《经济研究》2011 年第 1 期。

③ 陈岱孙、商德文:《近代货币与金融理论研究——主要流派理论比较》,商务印书馆 1997 年版。

④ 王泽填、姚洋:《人民币均衡汇率估计》,《金融研究》2008 年第 12 期。

⑤ 谷宇、高铁梅、付学文:《国际资本流动背景下人民币汇率的均衡水平及短期波动》,《金融研究》2008 年第 5 期。

⑥ 胡春田、陈智君:《人民币是否升值过度?——来自基本均衡汇率(1994—2008)的证据》,《国际金融研究》2009 年第 11 期。

⑦ 秦朵、何新华:《人民币失衡的测度:指标定义、计算方法及经验分析》,《世界经济》2010 年第 7 期。

大多以经济结构稳定为前提,这与我国经济转型的现实国情不尽吻合,其因适用的变量、数据和方法不同,所得到的均衡汇率水平也存在较大差距。

(一) 均衡实际汇率决定和测算的理论与实证

基于实际汇率,援引西方经典的均衡汇率模型并加以适当修正,在局部均衡或一般均衡框架下针对均衡汇率的决定和测算展开理论与实证研究,大致可分为以下几个方面:第一,采用购买力平价法。王泽填和姚洋加入衡量结构转型对B-S效应的削弱作用的交叉项,通过对184个经济体1974—2004年度面板数据估计人民币均衡实际汇率,实证分析表明当前人民币汇率的升值空间已经很小,指出应放慢人民币升值速度[1]。第二,根据FEER的宏观经济均衡分析。其中,胡春田和陈智君的计算表明,截至2008年年末,人民币已升值过头[2]。第三,根据NATREX理论,如孙茂辉的估算发现人民币在21世纪初有所低估,但逐渐向均衡汇率收敛[3]。第四,根据BEER理论。如谷宇等认为非抛补利率平价(UIP)对人民币汇率的波动具备一定的解释效力,基于UIP的BEER模型实证分析表明人民币实际有效汇率并未出现严重高估或低估[4]。总的来看,国内外学者对于均衡汇率,特别是针对实际汇率的均衡汇率及相关问题研究方面已取得了重要进展,但其中仍不免存有许多疑问与争议。

---

[1] 王泽填、姚洋:《人民币均衡汇率估计》,《金融研究》2008年第12期。

[2] 胡春田、陈智君:《人民币是否升值过度?——来自基本均衡汇率(1994—2008)的证据》,《国际金融研究》2009年第11期。

[3] 孙茂辉:《人民币自然均衡实际汇率:1978—2004》,《经济研究》2006年第11期。

[4] 谷宇、高铁梅、付学文:《国际资本流动背景下人民币汇率的均衡水平及短期波动》,《金融研究》2008年第5期。

(二) 均衡名义汇率决定和测算的理论与实证

对于内外均衡的名义汇率分析，主要以姜波克为代表。姜波克构建了均衡汇率理论和政策的新框架。利用该均衡汇率理论的新框架，姜波克分别进行了中短期分析和中长期分析，认为从中短期看，均衡汇率的实现是必须以名义国民收入的增长为前提；从中长期看，实际国民收入增长和经济强大是在人民币的升值过程中实现的。综合中短期利益和中长期利益，我国人民币今后应该长期奉行的是兼顾就业、促进效率和国际竞争力的经常低估、间断升值的汇率政策[1]。此外，目前很多研究采用中美两国模式，并且国内关于人民币汇率研究已开始注重基于产品市场和资产市场综合考虑的视角分析[2]。刘纪显和张宗益构建了中美两国货币政策的粘性均衡汇率效应模型，并进行了人民币汇率定价的弹性分析[3]。赵志君和陈增敬通过建立经济增长率不同的大国间（中美）汇率决定模型，进行了人民币对美元汇率的评估分析，指出提高本国利率有助于解决人民币汇率高估问题[4]。王爱俭和林楠通过构建名义汇率和宏观杠杆的二维汇率动态分析模型，可解释货币能级说、货币追赶说和中美镜像说，联立方程实证分析表明中美货币联动下，从人民币名义有效汇率看，没有出现严重的汇率失调，中国相对美国成为经济调整更多的分担者，在承担调整责任的同时，中国应审慎考

---

[1] 姜波克：《均衡汇率理论和政策的新框架》，《中国社会科学》2006年第1期。

[2] 金雪军、王义中：《理解人民币汇率的均衡、失调、波动与调整》，《经济研究》2008年第1期。

[3] 刘纪显、张宗益：《货币政策的粘性均衡汇率效应模型及人民币汇率定价的弹性分析》，《数量经济技术经济研究》2006年第10期。

[4] 赵志君、陈增敬：《大国模型与人民币对美元汇率的评估》，《经济研究》2009年第3期。

虑自身所付出的代价①。

(三) 对均衡汇率的疑问与争议

人民币汇率的均衡水平究竟在哪里？仍需要深入研究其判据②。从理论上讲，我们能够寻找到充分体现市场均衡的人民币汇率水平，但是，这是以具有充分的外汇供给与需求的市场条件为假设前提的③。显然，实践中存在着国内经济状况与均衡汇率理论的基本假设不符，与均衡汇率的概念发生抵触的问题④。目前关于均衡汇率的测算，购买力平价、换汇成本和可计算均衡汇率等都有一套复杂模型，但都没有能够给出一个明确的、具体的均衡数值，在外汇市场上都是不成立的。我们的浮动汇率体制仍是要有管理的，希望并努力实现汇率"在合理均衡水平上的基本稳定"，这是相互作用的，尽管均衡水平难以准确测算，但只有在合理均衡水平附近才会有基本稳定；错的、不均衡的水平不可能稳定住；同时，只有谋求基本稳定，才有助于探寻合理均衡水平，在大动荡、大乱局之中不会有多少人注重经济基本面和均衡分析⑤。

五 汇率走势与外汇市场干预

(一) 人民币兑美元汇率的走势分析

对于人民币（兑美元）汇率的走势分析预测，姜波克提

---

① 王爱俭、林楠:《虚拟经济与实体经济视角下的人民币汇率研究》,《金融研究》2010 年第 3 期。

② 周小川:《人民币资本项目可兑换的前景和路径》,《金融研究》2012 年第 1 期。

③ 夏斌:《关于当前人民币汇率调整策略的思考》,《中国金融》2007 年第 15 期。

④ 王曦、才国伟:《人民币合意升值幅度的一种算法》,《经济研究》2007 年第 5 期。

⑤ 周小川:《周小川行长接受〈财新周刊〉专访》,中国人民银行网站, http://www.pbc.gov.cn/, 2016 年 2 月 13 日。

出,劳动生产率增长是人民币升值的动力,以及"升值强国论"和币值的"长低短高论(点刹车论)"①。赵志君和陈增敬通过建立经济增长率不同的大国间(中美)汇率决定模型,指出提高本国利率有助于解决人民币汇率高估问题②。从人民币汇率预期来看,陈蓉和郑振龙发现我国外汇市场上的预期形成机制主要体现为推定预期,而且样本期内NDF定价偏差的变化对近期即期汇价变动具有一定的预测能力③。丁志杰等表明人民币汇率具有向后看的适应性预期特征④。对于参考一篮子货币的人民币汇率形成机制,陆前进指出人民币对美元汇率、人民币对非美元货币(如欧元)汇率和人民币有效汇率三者之间,央行只能控制其一;并可以根据人民币有效汇率目标,确定人民币对美元汇率水平,建立真正意义上的参考一篮子货币的汇率水平⑤。汇率变动与货币国际化之间存在非常密切的关系⑥,从逻辑关系上讲,一种货币的升值会给持有该货币的非居民带来升值收益,因此有助于推动非居民增持该货币和以该货币计价的资产,从而有助于提高该货币的国际化程度;反之,一种货币的贬值会引起相反的变化,即贬值会给持有该货币的非居民带来贬值损失,因此会引发非

---

① 姜波克:《均衡汇率理论和政策的新框架》,《中国社会科学》2006年第1期。

② 赵志君、陈增敬:《大国模型与人民币对美元汇率的评估》,《经济研究》2009年第3期。

③ 陈蓉、郑振龙:《结构突变、推定预期与风险溢酬:美元/人民币远期汇率定价偏差的信息含量》,《世界经济》2009年第6期。

④ 丁志杰、郭凯、闫瑞明:《非均衡条件下人民币汇率预期性质研究》,《金融研究》2009年第12期。

⑤ 陆前进:《参考一篮子货币的人民币汇率形成机制研究——基于人民币有效汇率目标的分析》,《财经研究》2010年第4期。

⑥ 周宇:《论汇率贬值对人民币国际化的影响——基于主要国际货币比较的分析》,《世界经济研究》2016年第4期。

居民减持该货币和以该货币计价的资产,因而不利于该货币成为国际货币。

(二) 人民币实际汇率的长期趋势分析

对于人民币实际汇率的长期趋势,唐旭和钱士春的研究表明,我国贸易品部门对于非贸易品部门的相对劳动生产率一直在上升,相对价格在下降,两部门相对劳动生产率对相对价格影响显著,B-S效应在我国显著,为从生产率角度考察当前人民币升值压力提供了理论和实证基础①。唐翔提出了与B-S效应相对的富人社区效应,可在一国劳动力异质条件下解释富国的非贸易品价格较高的原因,即若富有居民群体通过国际市场获得的硬通货总收入相对于该国总人口相对较高,则其需求将抬高该国非贸易品价格②。王泽填、姚洋针对发展中经济体在结构转型中如何削弱B-S效应的作用,研究发现农村人口比重越大,实际汇率随相对人均收入提高的幅度越小③。根据B-S效应分析,由于部门劳动生产率的差异,发展中国家货币的市场汇率长期相对其购买力平价低估,姜波克和莫涛将贸易品进行了细分,不仅区别了竞争性商品和非竞争性商品,还把服务性商品也视为可贸易品,指出只有有形竞争性商品的交换才存在一价定律,进而在既考虑劳动生产率差异,又考虑品牌、特权、垄断以及各类商品的权重(产业结构差异)等因素对定价的影响,为判断人民币汇率当前水平及相关政策

---

① 唐旭、钱士春:《相对劳动生产率变动对人民币实际汇率的影响——哈罗德—巴拉萨—萨缪尔森效应实证研究》,《金融研究》2007年第5期。

② 唐翔:《"富人社区效应"还是巴拉萨—萨缪尔森效应?——一个基于外生收入的实际汇率理论》,《经济研究》2008年第5期。

③ 王泽填、姚洋:《结构转型与巴拉萨—萨缪尔森效应》,《世界经济》2009年第4期。

提供了一种新的思考方法①。2005 年之后，非贸易品价格对人民币双边实际汇率的解释程度相对于 2005 年之前明显提高，这与 2005 年之后中国人口红利衰减、人民币汇率制度改革以及贸易自由化有关②。

（三）汇率失调、汇率动态与汇率干预

徐建炜等利用 168 个国家 1980—2007 年的数据构造外汇市场干预指标，检验外汇市场干预对实际汇率的影响，发现无论是非冲销还是冲销干预，在长期都不会对实际汇率产生显著影响；进一步研究发现，外汇市场干预所产生的短期效应，更多的也是通过信号渠道发挥作用，其前提是央行的干预信誉较高③。如果央行不能让市场相信自己的干预能力，即便是短期内，也难以影响实际汇率；中国经济制度上的特殊性，短期内有能力影响实际汇率，但是从长期来看也应服从国家普遍规律。因此，在讨论实际汇率低估问题时，不应一味指责央行的干预行为，更重要的是对要素价格扭曲、劳动力市场流动障碍等长期性因素予以关注。动态随机一般均衡模型分析显示，在 2005 年汇改后人民币汇率失调开始逐步收窄，2009 年以后人民币实际汇率趋向均衡④⑤。在国际货币环境下，汇率均衡不仅与本国利率是否处于均衡状态相关，还与外国利率是否处于均衡状态

---

① 姜波克、莫涛：《巴拉萨汇率理论的一个修正》，《金融研究》2009 年第 10 期。

② 谭小芬、龚力丹、杨光：《非贸易品相对价格能解释人民币双边实际汇率的波动吗》，《国际金融研究》2015 年第 8 期。

③ 徐建炜、徐奇渊、黄薇：《央行的官方干预能够影响实际汇率吗？》，《管理世界》2011 年第 2 期。

④ 孙国锋、孙碧波：《人民币均衡汇率测算：基于 DSGE 模型的实证研究》，《金融研究》2013 年第 8 期。

⑤ 王彬、马文涛、刘胜会：《人民币汇率均衡与失衡：基于一般均衡框架的视角》，《世界经济》2014 年第 6 期。

有关，利率和汇率失衡后的动态最优调整路径取决于利率和汇率相对于各自均衡状态的失衡程度①。在资本管制和需求约束条件下，基于 DSGE 的研究发现资本管制是汇率干预的基础，在需求约束型发展阶段，汇率干预对我国需求扩张起到关键作用②。

第三节　汇率政策变化的历史沿革及其评价

完善人民币汇率市场化形成机制是开放条件下优化资源配置问题。伴随汇率形成的市场基础逐步扩大，市场供求在汇率决定中的作用得以充分发挥，人民币汇率趋向合理均衡水平。完善人民币汇率市场化形成机制，宏观上旨在提升要素价格市场化和合理化，促进汇率杠杆高效分配社会资源机制的形成，充分利用国内外"两种资源"和"两个市场"；政策上旨在促进国际收支趋向基本平衡，增强货币政策独立性，以提高开放经济宏观金融调控的前瞻性、针对性和协同性，为经济转型提供必要时间和稳定的涉外金融环境；微观上落足于更好地满足企业和居民的需求，提高市场微观主体对汇率风险的防范和管理能力，使其资产负债结构更趋健康合理，增强实体经济应对外部冲击的弹性，化解跨境投融资人民币业务发展中可能遇到的风险，夯实人民币国际化币值稳定微观基础，服务实体经济发展，提升对外开放水平。

---

① 金中夏、洪浩：《国际货币环境下利率政策与汇率政策的协调》，《经济研究》2015 年第 5 期。

② 张勇：《热钱流入、外汇冲销与汇率干预——基于资本管制和央行资产负债表的 DSGE 分析》，《经济研究》2015 年第 7 期。

一 中华人民共和国成立以来的人民币汇率相关政策制度变化

如前所述,人民币从诞生的第一天起就未与黄金建立联系(没有规定含金量)。1949年1月19日在天津一度对美元挂牌,以中国大宗进出口商品与美国同类商品的物价值之比作为主要依据,并随两国物价的变化进行调整。在计划经济时期,中国经济处于封闭状态(基本上不存在外部平衡问题),人民币汇率体制经历单一钉住英镑、钉住一篮子货币再到单一钉住美元的演变,并经历了以下三个阶段:(1)单一浮动汇率制(1949—1952):人民币汇率"先抑后扬",主要根据当时国内外相对物价水平来制定,并随着国内外相对物价的变动不断调整;(2)单一固定汇率制(1953—1972):布雷顿森林体系下人民币汇率钉住英镑并保持1美元=2.46元人民币水平稳定,官方汇率仅用于非贸易外汇的结算,对进口不起调节作用;(3)以"一篮子货币"计算的单一浮动汇率制(1973—1980):布雷顿森林体系解体后,人民币汇率频繁调整,当时美元走软,人民币汇率升值,1980年达到1美元=1.5元人民币。

1994年1月1日,人民币汇率并轨,之后经历了重大调整和进一步完善:(1)以市场供求为基础的、单一的、有管理的汇率制(1994—2005);(2)以市场供求为基础、参考一篮子货币进行调节、有管理浮动汇率制(2005年至今)。在中国从计划经济向市场经济转轨过程中,1994年汇率并轨改革至关重要,并得到广泛认可。自1994年年初汇率并轨以来,中国确定实行以市场供求为基础的、有管理的浮动汇率制度。自2005年后,市场在汇率形成中作用逐步增大,人民币汇率弹性波动逐步提升,市场供求逐渐成为决定汇率的主要依据,央行主要通过经济手段进行汇率的宏观调控。人民币汇率从单一钉住美元到参考一篮子货币的过渡,是与外汇市场供求关系格局的多元化相适应。对比过去曾实施过的钉住"一篮子货币"汇率安排,由于币种选择和权重的客观依据不足，汇价合理性和汇率水平的可靠性缺乏保证，由此制定的汇率其变动不能真实反映外汇市场供求（而实际上还是央行被动干预的结果），并且导致了人民币汇率的高估，从而后续的汇率体制改革势在必行。[①]而现行的参考"一篮子货币"的汇率安排意味着，央行并非根据一篮子货币的给定计算公式来确定人民币对美元和其他货币的汇率水平，从而人民币对美元汇率波动和市场化空间更为充分。

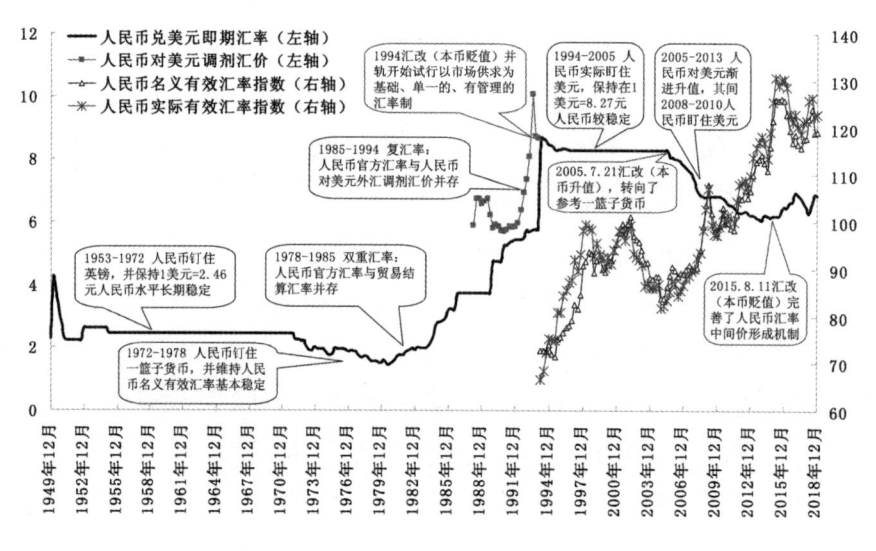

图 2-1　人民币汇率走势（1949—2018）

资料来源：Wind，BIS，吴念鲁、陈全庚（2002），国家外汇管理局国际收支司（2006），作者整理绘制。

总之，人民币汇率作为最重要的要素价格之一，其"以市场供求为基础"的汇率形成机制目标自 1994 年外汇管理体制改革后得以逐步建立，自 2005 年汇改以来，有管理的浮动汇率制的框架和内涵得以不断完善。

---

① 黄志刚等：《人民币汇率波动弹性空间研究》，科学出版社 2013 年版。

二 全面深化金融改革下人民币汇率跨世纪变革

我国外汇市场的基本格局自1994年以来体现为银行结售汇制下的银行零售外汇市场（即企业和个人在银行办理结售汇业务）和全国统一的银行间外汇市场（即银行之间平盘结售汇头寸并开展自营交易）的双层市场体系。从1994年到2013年，我国外汇市场经历了从银行零售外汇市场为主到银行间外汇市场为主的转变。银行间交易在整个外汇市场的比重不断提升，又与2005年汇改相关联。2005年汇改后人民币汇率弹性增强，银行自营交易大幅增长，并带动了银行间交易在整个外汇市场的比重不断提升。此外，从外汇资源丰沛度来看，20世纪90年代初期我国的外汇短缺阶段直到2005年汇改后才得以根本改变。2005年汇改不仅对我国外汇市场发展有重要影响，而且2005年也是我国外汇市场发展的重要节点之一。以1994年和2005年两次汇改为分界点，从1994年到2005年，我国开始以市场供求为基础的、单一的、有管理的汇率制。1994年汇率并轨时1美元＝8.7元人民币，1997年亚洲金融危机后事实上钉住美元1美元＝8.28元人民币，累计升值4.8%。1996年12月实现人民币经常项目基本可兑换，但实施强制结汇、有条件售汇的外汇管制。1997年至2005年7月，人民币事实上钉住美元并在较窄的范围内较为稳定。

2003年10月，党的十六届三中全会确定了人民币汇率改革的总体目标：建立健全以市场供求为基础的、有管理的浮动汇率体制，保持人民币汇率在合理、均衡水平上的基本稳定。在有效防范风险的前提下，有选择、分步骤地放宽对跨境资本交易的限制，逐步实现人民币资本项目可兑换。同时在汇率改革与其他金融改革的顺序上达成了大致共识，即汇率改革之前应先完成以下三项准备工作：一是商业银行改革，二是减少一些不必要的外汇管制（包括部分资本账户管制），三是改进和完善国内外汇市场。

从2005年7月21日起，我国开始实行以市场供求为基础、参考一篮子货币进行调节、有管理浮动汇率制。人民币对美元升值2%（从之前的1美元=8.28元人民币调整为1美元=8.11元人民币），人民币汇率不再单一钉住美元，而是按照我国对外经贸发展的实际情况，选择若干主要货币，赋予相应权重，组成货币篮子，以市场供求为基础，参考一篮子货币计算人民币有效汇率的变化。从而对人民币汇率（人民币对美元名义汇率）进行管理和调节，维护人民币汇率在合理均衡水平上的基本稳定。

2005年7月人民币汇率形成机制改革后，汇率形成机制灵活性不断提高，人民币汇率弹性不断增强，外汇市场也不断发展。2006年1月3日，中国人民银行发布实施《关于进一步完善银行间即期外汇市场的公告》，宣布自2006年1月4日起，在银行间即期外汇市场上引入询价交易（OTC）方式，并保留撮合方式。

在银行间外汇市场引入做市商制度，为市场提供流动性。规定每日银行间即期外汇市场美元对人民币交易价在中国外汇交易中心公布的美元交易中间价上下0.3%的幅度内浮动，欧元、日元、港币等非美元货币对人民币交易价在中国外汇交易中心公布的非美元货币交易中间价上下3%的幅度内浮动。中国人民银行授权中国外汇交易中心于每个工作日上午9时15分对外公布当日人民币对美元、欧元、日元和港币等汇率中间价，作为当日银行间即期外汇市场（含OTC方式和撮合方式）以及银行柜台交易汇率的中间价。

2007年5月18日，中国人民银行公告发布《中国人民银行关于扩大银行间即期外汇市场人民币兑美元交易价浮动幅度的公告》，宣布自2007年5月21日起，将银行间即期外汇市场人民币兑美元交易价日浮动幅度由0.3%扩大至0.5%。

2007年8月，中国开始实行意愿结售汇制。2005年汇改至国际金融危机的3年间，人民币对美元累计升值21%，危机期间人民币重新与美元挂钩。2008年国际金融危机影响扩大后，人民币汇率自2008年7月起开始实际钉住美元，人民币汇率再度收窄了浮动区间，在6.81—6.86元人民币/美元的小幅范围内波动。2010年6月19日，中国人民银行宣布进一步推进人民币汇率形成机制改革，增强人民币汇率弹性，实现汇率波动正常化，退出阶段性钉住美元政策。坚持以市场供求为基础，参考一篮子货币进行调节，继续按照已公布的外汇市场汇率浮动区间，对人民币汇率进行动态管理和调节。

2012年，增强双向浮动弹性成为人民币汇率体制改革的重点。自2012年4月14日起，银行间即期外汇市场人民币兑美元交易价浮动幅度由0.5%扩大至1%。粗略计算，若一年中有200个外汇交易工作日，当每天汇率连续单方向地变动0.5%，一年积累汇率变动幅度按理可高达2.7倍。若日波动幅度扩大到1%，一年累计汇率变动幅度则可高达7.3倍。显然，扩大人民币汇率日波动幅度有利于人民币汇率弹性的提升。

三 人民币"入篮"前后汇率改革新方位

2016年10月，人民币"入篮"正式生效，进入后SDR时代，如何积极利用好这一成果，具有非常重要的战略意义，也是当前极为紧迫的政治问题和经济问题。

在此之前，作为贯彻落实党的十八届三中全会精神、发挥市场在资源配置中起决定性作用的举措，自2014年3月17日起，人民币对美元汇率交易价日浮动区间由1%扩大至2%。对此，中国人民银行发布公告，称决定扩大外汇市场人民币对美元汇率浮动幅度，每日银行间即期外汇市场人民币对美元的交易价可在中国外汇交易中心对外公布的当日人民币对美元中间价上下2%的幅度内浮动。结合国际外汇市场的运行实践，以及对于国际化程度还较低、交易主要限定在中国境内的人民币，一方面，当时2%的波动幅度已经基本够用；另一方面，伴随人民币汇率市场化形成机制改革进一步推进，人民币将与主要国际货币一样，更为充分弹性的双向波动将成为人民币汇率动态新常态。

2015年12月11日，中国外汇交易中心发布人民币汇率指数，强调要加大参考一篮子货币的力度，以更好地保持人民币对一篮子货币汇率基本稳定。基于这一原则，目前已经初步形成了"收盘汇率+一篮子货币汇率变化"的人民币兑美元汇率中间价形成机制。"收盘汇率+一篮子货币汇率变化"是指做市商在进行人民币兑美元汇率中间价报价时，需要考虑"收盘汇率"和"一篮子货币汇率变化"两个组成部分。2016年4月29日，中共中央政治局召开会议，会议强调要保持人民币汇率基本稳定，逐步形成以市场供求为基础、双向浮动、有弹性的汇率运行机制。2016年7月26日，中共中央政治局召开会议，分析研究当前经济形势，部署下半年经济工作，会议再次指出要有效防范和化解金融风险隐患，保持人民币汇率在合理均衡水平上基本稳定。2016年12月14日至16日，中央经济工作会议在北京举行，会议强调，要在增强汇率弹性的同时，保持人民币汇率在合理均衡水平上的基本稳定。2017年9月，习近平总书记在第五次全国金融工作会上指出，"要深化人民币汇率形成机制改革"。党的十九大报告明确指出，"深化利率和汇率市场化改革"。

在实践中，人民币对美元汇率中间价的形成方式是：中国外汇交易中心于每日银行间市场开盘前向所有银行间外汇市场做市商询价，并将全部做市商报价作为人民币对美元汇率中间价的计算样本，去掉最高和最低报价后，将剩余做市商报价加权平均，得到当日人民币对美元汇率中间价，权重由中国外汇交易中心根据报价方在银行间外汇市场的交易量及报价情况等指标综合确定①。2017年5月,外汇市场自律机制在人民币中间价报价模型中引入"逆周期因子",人民币对美元汇率中间价形成机制由"收盘价+一篮子货币汇率变化"调整为"收盘价+一篮子货币汇率变化+逆周期因子"。2017年8月,人民银行进一步明确了人民币兑美元汇率中间价报价新模型,即报价行应依据"人民币对美元汇率中间价=上日收盘汇率+一篮子货币汇率变化+逆周期因子"的原则建立人民币兑美元中间价报价计算模型,并根据模型的计算结果报价。②

综上,从人民币汇率改革取得的重要进展看,人民币对美元汇率弹性增强、汇率中间价形成机制不断完善。其中,人民币汇率形成机制改革,既是核心,也是难点所在。对此,外汇市场的做市商制度通过改进市场服务,增强市场功能,通过理顺央行、市场和银行三者之间的关系,为完善人民币汇率形成机制提供了配套措施,也提高了机构对市场快速变化及不断开放的应对能力。以建立做市商制度为代表的外汇市场建设发展,推动了汇率与市场的互动,增强了两者之间的有效联系,并且有助于人民币汇率弹性不断提升和人民币汇率市场化形成。③ 从人民币汇率形成机制改革的主要成果来看,一是有效配合和推动了中国经济的对外开放;二是对实体经济发挥积极作用,促进宏观经济内外平衡;三是完善国内资本市场,抵御外部金融危机冲击;四是人民币国际化大幅度提升。总结人民币汇率形成机制改革经验,一是坚持市场化的改革方向;二是坚持改革的自主性;三是坚持改革的渐进性;四是坚持改革的可控性,

---

① 国家外汇管理局:《外汇管理概览》,国家外汇管理局网站,http://www.safe.gov.cn。

② 《人民币兑美元汇率中间价报价行中间价报价自律规范》(汇律发〔2017〕11号)。

③ 王春英:《夯实做市商制度建设 协力推进外汇市场发展》,《中国货币市场》2014年第7期。

与我国改革开放的总体进程相匹配①。在此过程中，金融开放以及外汇市场管制逐步减少，与人民币汇率形成机制改革一起共同构成了我国金融改革开放的"三位一体"。应按照2017年7月习近平总书记在第五次全国金融工作会上关于"要扩大金融对外开放"，"稳步推进人民币国际化"，"要积极稳妥推动金融业对外开放，合理安排开放顺序"的指示精神，在习近平新时代中国特色社会主义思想指引下，协同推进人民币汇率形成机制改革、外汇市场管制逐步减少以及金融开放"三驾马车"稳中求进，迈向"新时代"，走好新征程。

---

① 谢伏瞻等：《改革开放40年汇率改革理论与实践探索》，《经济学动态》2018年第9期。

第三章　新中国的国际收支与外汇储备

第一节　对于国际收支概念的理解

国际收支是开放经济政府决策最重要经济指标之一，通常是指在一定时期内一国居民与外国居民之间进行一切经济交易的收入和支出。钱荣堃等指出，国际货币基金组织IMF所给出的国际收支概念包括全部国际经济交易，是以交易为基础（on transaction basis）的。目前各国普遍采用的正是这一概念[1]。

民国时期，我们就有对于国际收支的相关阐释。马寅初在《通货新论》中指出：现处国际交通时代，国与国间往来频繁，经济上的收支亦日益复杂，大体可分作九项，其中投资一项，往往为调节国际收支之最重要项目，并说明了贸易差额、经常往来差额及支付均衡三个概念[2]。最初的国际收支只简单地定义为一个国家的对外贸易差额，因为贸易盈余可带来黄金流入；后来，外汇收支逐渐成为我们常说的狭义的国际收支，其所包含的经济交易都是以现金支付为基础（on cash payment basis）；

---

[1] 钱荣堃、陈平、马君潞：《国际金融》，南开大学出版社2002年版，第20页。

[2] 马寅初：《通货新论》，商务印书馆2010年版，第43、46页。

第二次世界大战后，国际经济交易的内容和范围不断扩大，从而国际收支的概念真正以交易为基础，而不是以支付为基础。①

国际收支内涵随经贸发展不断演进。姜波克将国际收支定义为一国在一定时期内全部对外经济往来的系统的货币记录②。陈雨露进一步指出必须注意以下问题：国际收支强调的是"居民与非居民的交易"，而不是单纯的"资金收付"，所以国际收支≠外汇收支，两者虽有极大的交叉，但并不完全一致③。

国际货币基金组织 IMF 对国际收支的概念关注，从强调"经济交易的系统记录"转向"交易汇总统计表"。IMF《国际收支手册》（第四版）对国际收支的定义是："在一定时期内，一国居民对其他国家的居民所进行的全部经济交易的系统记录。"④ IMF《国际收支和国际投资手册》（第六版）对国际收支的定义是："某个时期内居民与非居民之间的交易汇总统计表。"⑤ 从管理当局对于国际收支的概念表述看，国家外汇管理局对国际收支的界定是指一个国家或经济体与世界其他国家或经济体之间的进出口贸易、投融资往来等各项国际经济金融交易及对外资产负债（或对外债权债务）情况⑥。《新帕尔格雷夫

---

① 马君潞、陈平、范小云：《国际金融》，科学出版社2005年版，第4页。
② 姜波克：《国际金融新编》（第五版），复旦大学出版社2012年版，第10页。
③ 陈雨露：《国际金融（第五版）精编版》，中国人民大学出版社2015年版，第192、193页。
④ 陈彪如：《国际金融概论》（增订版），华东师范大学出版社1991年版，第26页。
⑤ 陈雨露：《国际金融（第五版）精编版》，中国人民大学出版社2015年版，第192页。
⑥ 国家外汇管理局：《外汇管理概览》，http：//www.safe.gov.cn。

货币金融大辞典》的"国际收支"词条也指出,"更确切地说是国际收支的分支科目的重要性,在于运用这些数据可以反映出商品贸易,劳务贸易,私人金融资产流动或官方储备流动的总值和净值变化,知道这些数据的大小可以为私人决策者提供帮助(作为表明商品或服务竞争力变化或者储蓄和投资模式变化的数据),或者能显示出调整宏观经济政策的需要"[1]。

马克思在《资本论》第一卷第三章"货币或商品流通"中指出,"世界货币的最主要的职能,是作为支付手段平衡国际贸易差额。由此产生重商主义体系的口号——贸易差额",在脚注中马克思进一步说明"重商主义体系把通过金银来结算贸易顺差当作世界贸易的目的,而重商主义体系的反对者又完全误解了世界货币的职能。我在评论李嘉图时曾详细说明,对贵金属的国际运动的错误理解,不过是反映了对调节流通手段量的规律的错误理解"[2]。在《资本论》第三卷第三十五章"贵金属和汇兑率"中,关于贵金属的流出和流入,马克思指出"金属的流出,在大多数情况下总是对外贸易状况变化的象征,而这种变化又是情况再次逐步接近危机的预兆",以及"支付差额对亚洲来说可能是顺差,而对欧洲和美洲来说都是逆差"[3]。陈岱孙和厉以宁在《国际金融学说史》中指出:(1)在马克思看来,国际收支中的支付差额和贸易差额是两个不同的概念,两者的区别表现在:贸易差额是国与国之间进行商品贸易和互相抵偿后,必须用货币偿付的余额;而支付差额是国与国之间进行国

---

[1] Perter Newman, Murray Milgate, John Eatwell, *The New Palgrave Directionary of Money and Finance*, Macmillan Press Limited, 1992.

[2] 马克思:《资本论》(第一卷),人民出版社2004年版,第168页。

[3] 《马克思恩格斯选集》第二卷,人民出版社2012年版,第597—598页。

际收支结算后，必须用货币偿付的余额。①（2）马克思认为重商主义者是资本主义社会的最初解释者，重商主义者重视的主要是对外贸易，而国际金融问题则是作为它的附属，是从贸易差额支付角度来考察的一个领域。②（3）马克思从一国的范围，分析了黄金外流和信用危机的关系，认为黄金外流并不是信用危机的原因，但如果贵金属外流是在产业周期的紧迫时间发生的，就可能促使信用危机的爆发，并且根据马克思的研究，不论在一国内，还是在国际间，信用危机和货币危机都只是生产过剩的表现，而不是它的原因。③

第二节 中国国际收支政策演进

一 从中华人民共和国成立后到计划经济向市场经济转型

百年来入超与外汇负债的时代，从1950年起完全改变了，并且在国际贸易上，也取得了主动权。1951年开始，当时的中央贸易部按出口货物的重要程度，分为甲、乙、丙三类：甲类出口货物与重要的进口货物交换，乙类的出口货物与次要的进口货物交换，丙类的出口货物则换成货物或出口后收取瑞士法郎、英镑等外汇，记账外汇由此产生。1953年，中国政府制定了开展大规模经济建设的第一个五年计划，即"一五"计划。在《关于发展国民经济的第一个五年计划的报告》中，陈云指出我国进口工业设备和建设器材所需要的外汇，绝大部分是农产品出口换来的。此后，陈云再次提出，应出口一些工业品，出口换外汇，进口机器搞建设④。在《建

---

① 陈岱孙、厉以宁主编：《国际金融学说史》，中国金融出版社1991年版，第142页。

② 同上书，第19页。

③ 同上书，第146、148页。

④ 《陈云文集》（第二卷），中央文献出版社2005年版，第611、659—660页。

设规模要和国力相适应》中，陈云进一步明确，财力物力就是指投资、机器设备和原材料、消费物资、外汇四个方面①。为了鼓励地方积极完成国家出口计划和争取若干工农业产品超额出口，中央决定实行外汇分成，将所得外汇分别给地方一定比例的提成②。

从中华人民共和国成立到1978年党的十一届三中全会召开的三十余年内，我国对外经济交易发展缓慢，进出口贸易占国民经济的比重很小，出口商品单一，利用外资的规模也不大，因此，国际收支平衡表中项目单调，实际上只有反映对外贸易和侨汇收入的外汇收支平衡表。值得注意的是，中华人民共和国成立以来相当长的时期内，我国实际上并没有编制国际收支平衡表，而只是编制外汇收支平衡表，而且外汇收支平衡表只反映对外贸易和非贸易的收支状况，并没有反映与国外资金往来的情况。从我国对苏联东欧国家收支结算变化看，中华人民共和国成立后30年来，演变过程大致可概括为两个阶段③。第一个是互助合作阶段，是在20世纪50年代和60年代初形成以卢布为计价结算货币，开立无息无费用的贸易卢布账户办理记账清算。第二个是公平对等阶段，是在20世纪60年代末到70年代，逐步摆脱以卢布为中心的记账清算体系。系统地记录国际收支状况是国际收支管理的基础工作，国际收支管理还包括：预测与规划今后一个时期的国际收支，随时监督与指导当前的国际收支，及时发现与调节业已发生的国际收支不均衡。我国是迟至1981年才着手编制国际收支平衡表的④。

---

① 《陈云文选》（第三卷），人民出版社1986年版，第54页。
② 同上书，第98页。
③ 肖朝庆：《卅年来我国对苏联、东欧国家国际收支结算的演变》，《金融研究》1981年第5期。
④ 周八骏：《论我国国际收支管理的目标模式》，《金融研究》1986年第5期。

计划经济时期，由于对外汇收支实行高度集中的指令性计划管理，伴随我国经济体制围绕管理权的收放经过三次较大变动，在外汇资源的配置上也相应有所体现。例如，所有的外汇收入必须售给国家，用汇实行计划分配，体现了"收"；而其间"外汇分成"，则体现了"放"。在由计划经济向市场经济的转型过程中，一方面，"分权"构成改革的核心内容；另一方面，在改革开放的头十年中，"宏观稳定"与"微观搞活"一直就是矛盾的两个对立统一体，"一放就乱、一统就死"成为当时典型经济现象。在计划经济体制下，我国形成了"大一统"的金融体制。与经济体制改革中资源配置权利由政府计划转向市场主导的取向相一致，在金融领域，"大一统"金融体系开始被拆散、分解为包括银行、非银行金融机构和金融市场日益复杂的金融体系，金融资源的配置越来越多由这些主体分散决策共同决定[①]。

二 社会主义市场经济下的转型与发展

1978年12月，党的十一届三中全会正式宣布我国开始实行经济改革和对外开放总方针。在邓小平同志"要把银行真正办成银行"思想的指导下，中国开始了有计划、有步骤的金融体制改革。此后，我国外汇管理开始逐步缩小指令性计划，有序地由高度集中的计划体制向与市场经济相适应的体制转变。1979年以前，我国的外汇业务由中国银行统一经营。1979年以后，我国开始逐步建立健全外汇管理机构和多家金融机构经营外汇体制。此外，我国从1979年开始实行外汇留成，即允许企业保留部分额度或现汇外汇留成。为照顾创汇企业的经济效益和用汇企业实际需要，经国务院批准，1980年10月起中国银行

---

① 李扬等：《新中国金融60年》，中国财政出版社2009年版，第104页。

开始办理外汇调剂业务，1981年8月以后允许外汇额度实行有偿调剂。

国际货币基金组织和世界银行于1980年4月和5月相继恢复了我国在这两个组织中的合法席位，为此1982年我国在外汇收支平衡表的基础上开始编制国际收支平衡表，以反映我国对外经济交易的全部情况。1985年9月2日，我国正式公布了1982—1984年中国国际收支概览表。1982—1984年我国对外贸易和经常项目均出现顺差，1985年和1986年对外贸易和经常项目均出现巨额逆差，从整个资本项目看，1983年和1984年有逆差，1985年和1986年资本项目巨额顺差，资本项目差额与经常项目差额不能完全相抵。1984年二季度末，我国外汇储备达166.74亿美元，为中华人民共和国成立以来最高点，1985年和1986年国家外汇库存急剧下降至20.72亿美元，为保持一定的外汇储备，中国银行当时的外汇结存上升至84.42亿美元。此外，1985年贸易结算价的取消，为建立规范的外汇调剂市场创造了条件。1985年11月，深圳首先设立外汇调剂中心；1988年9月，上海首先开办外汇调剂公开市场，实行会员制、公开竞价交易和集中清算制度，同时放开了外汇调剂市场汇率，让其随市场供求状况浮动。伴随着调剂外汇的汇率放开，中国人民银行通过制定"外汇调剂用汇指导序列"对调剂外汇的用途（或外汇市场准入）加以引导，市场调节作用日益增强。

我国外汇市场的早期雏形是外汇调剂市场。1979年开始实行的外汇留成制度，产生了调剂外汇的需要，伴随外汇留成制度的实行和对国内居民的外汇限制的放宽以及外汇调剂市场的建立，中国外汇市场由此形成。从1984年党的十二届三中全会，到1987年党的十三大召开，随着经济金融体制改革的展开，我国外汇市场建设逐步建立和发展。为满足居民用汇需要，对境内居民的外汇管理开始逐步放宽。从1991年11月起，已经允许个人所有的外汇参与外汇调剂。实际上，外汇调剂与外汇留成密切相关，由于国内各地不同行业、企业间存在差异，从而也就存在着对外汇的使用权利进行调剂的可能性和必要性。伴随着市场调节机制在外汇分配领域的逐步引入，到1993年年末，受外汇调剂市场汇率调节的外汇收支活动占到了80%。在此过程中，国际收支规模不断扩大，进出口总额增长很猛，由1982年的380亿美元增加到1990年的939亿美元，年均增长超过15%，外汇储备由1980年的22.62亿美元，增加到1990年的258.69亿美元，年均增长约26%；国际收支结构也发生显著变化，1982—1990年，我国非贸易收支基本上与贸易收支保持同样的高增长速度，1990年的非贸易收支和贸易收支总额均为1982年的2.4倍，资本账户收支增长了4.8倍，资本账户在国际收支中所占比重已由1982年的13%上升到1990年的22.4%。

　　回顾中国改革开放的前20年，实际上是存在较严重的贸易收支逆差压力的，外汇短缺是当时中国经济的一个基本特征。对于中国而言，自1990年以来，中国出现国内储蓄剩余与国外资本大规模流入同时并存的现象，这在世界上和中国历史上绝无仅有。创造稳定良好的制度环境，保持强劲增长势头，提高经济效率，乃是在日益开放的世界经济中防止资本外流和国际资本不利冲击，立于不败之地的根本①。1994—1997年是我国改革开放以来国际收支获得辉煌成就的黄金年；1997年以后，因受东南亚金融危机的冲击，我国国际收支状况变得不容乐观②。进入21世纪以来，中国的国际收支连续多年在经常账户和储备资产以外的资本和金融账户上保持"双顺差"（见图3－1），其结果是以外汇储备为主要内容的储备资产不断增加，人

---

　　① 李扬：《中国经济对外开放过程中的资金流动》，《经济研究》1998年第2期。

　　② 姚长辉：《论2000年我国国际收支策略的调整》，《金融研究》1999年第12期。

民币兑美元汇率与中国国际收支相伴而行。

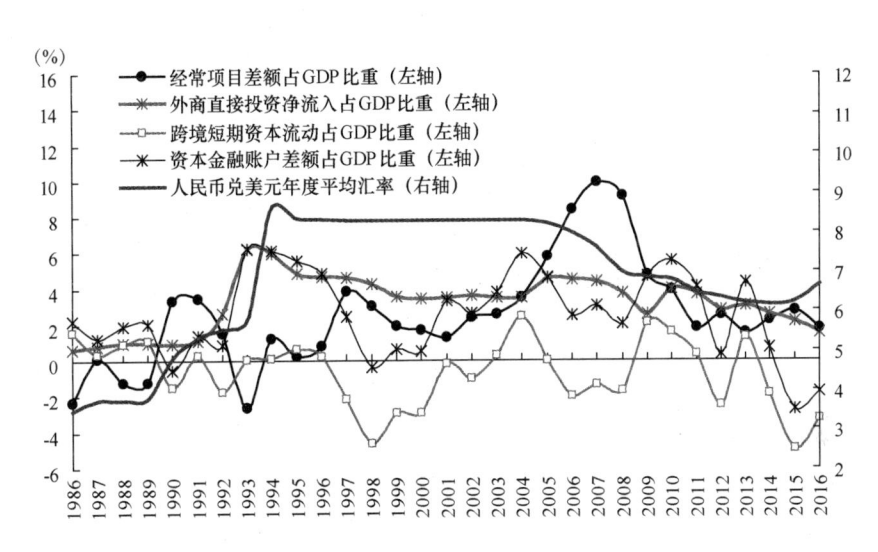

图 3-1 人民币汇率与中国国际收支（1986—2016）

资料来源：Wind。

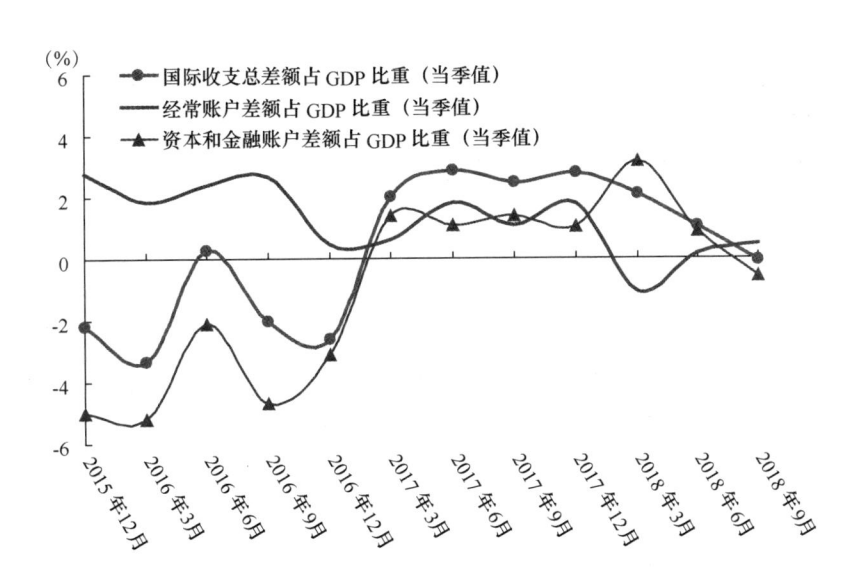

图 3-2 我国国际收支差额主要构成的基本走势

资料来源：Wind。

从 2015 年开始，中国国际收支"双顺差"的局面开始逆转

(见图3-1、图3-2),其最显著的特点是:货物账户巨额顺差、服务账户逆差(见图3-3)、非储备性质资本和金融账户逆差(见图3-2)。按BPM6国际收支统计口径(见图3-2),经常账户近10年来首次出现逆差,尽管资本和金融账户顺差持续下降,但是资本和金融账户已成为国际收支主导因素。

值得注意的是,从经常账户看,中国经常账户顺差长期以来主要源于货物贸易顺差,2008年国际金融危机后,服务贸易逆差成为经常账户差额的主要逆差项(参见图3-3)。在新常态下,货物贸易顺差和服务贸易逆差均较为稳定(参见图3-3)。从总量看,中国对外贸易依存度和经常账户季度差额与当期GDP之比(CA/GDP)在持续下降后已于2016年下半年开始回升(参见图3-4)。相对于国际金融危机期间的历史峰值,目前CA/GDP已收敛于合理区间(参见图3-4)。从资本和金融账户看,对于中国国际收支资本流动易变性造成波动,其主要原因在于证券投资的变化,而证券投资又是中国资本项目中

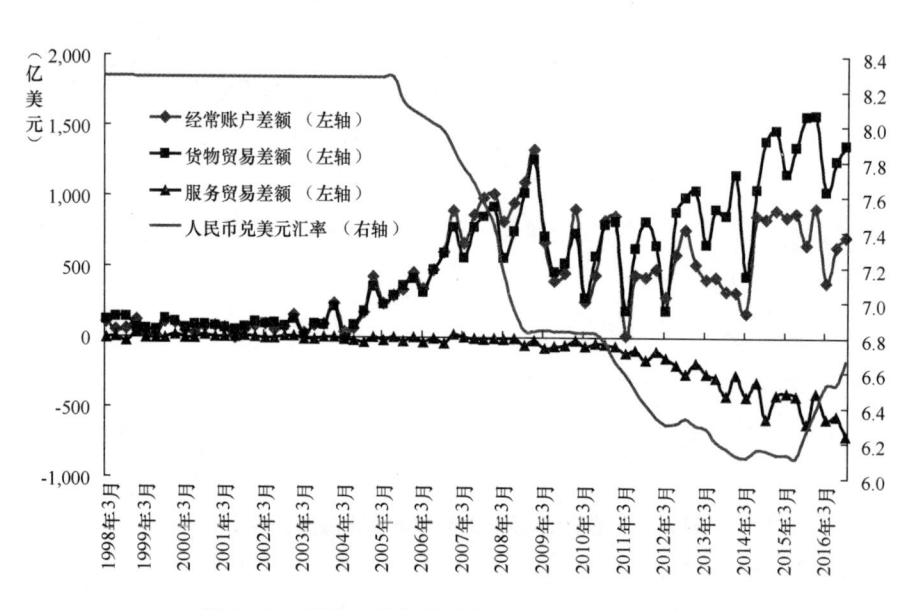

图3-3 亚洲金融危机后中国经常账户收支状况

资料来源:CEIC。

图 3-4 近 20 年中国外贸依存度及季度 CA/GDP

资料来源：CEIC 和作者计算。

控制较严的部分（相关资本的流动规模被合格机构投资者制度限制）。此外，取消强制性结售汇制度使得外汇资产得以保留在其他国内企业/个人手中、而非让其流入央行，这些措施使企业/个人得以将外汇资产放在海外或境内，也使得商业银行拥有更多外汇发放外币贷款。伴随人民币在跨境贸易中的使用不断增加，企业更易于在外币和人民币之间以及在国内外融资渠道之间进行转换①。

三 国际收支相关政策表达：党的十八大以来重要论述

（一）习近平总书记系列重要讲话

习近平总书记指出，"要适应经济全球化新形势，构建开放型经济新体制。推动对内对外开放相互促进、引进来和走出去更好结合，促进国际国内要素有序自由流动、资源高效配置、

---

① 汪涛、胡志鹏、翁晴晶：《变化的国际收支与波动的资本流动》，《银行家》2013 年第 6 期。

市场深度融合,加快培育参与和引领国际经济合作竞争新优势,以开放促改革"①。"中国将实行更加积极主动的开放战略,完善互利共赢、多元平衡、安全高效的开放型经济体系。"② 对准确把握全面建成小康社会新的目标要求,习近平总书记强调"发展协调性明显增强",其中"对外开放深度广度不断提高,全球资源配置能力进一步增长,进出口结构不断优化,国际收支基本平衡"③。结合供给侧结构性改革,习近平总书记强调"现实中存在的问题往往是结构性的,解决这些结构性问题,必须从供给侧发力,找准在世界供给市场上的定位"④。对如何维护和利用好我国发展重要战略机遇期,习近平总书记指出,"主要国家去杠杆、去债务,全球需求增长和贸易增长乏力,保护主义抬头,市场成为最稀缺的资源,利用国际市场扩张增加出口的条件发生深刻变化,必须把发展的立足点更多放在国内,更多依靠扩大内需带动经济增长"⑤。

(二)中央经济工作会议

2014年12月召开的中央经济工作会议认为,"从出口和国际收支看,国际金融危机发生前国际市场空间扩张很快,出口成为拉动我国经济快速发展的重要动能,现在全球总需求不振,我国低成本比较优势也发生了转化,同时我国出口竞争比较优势依然存在,高水平引进来、大规模走出去正在同步发生,必须加紧培育新的比较优势,使出口继续对经济发展发挥支撑作用"。会议要求,"面对对外开放出现的新特点,必须更加积极

---

① 中共中央宣传部:《习近平总书记系列重要讲话读本》,学习出版社、人民出版社2014年版,第63页。
② 中共中央宣传部:《习近平总书记系列重要讲话读本》,学习出版社、人民出版社2016年版,第277页。
③ 同上书,第56、57页。
④ 同上书,第155页。
⑤ 同上书,第62页。

地促进内需和外需平衡、进口和出口平衡、引进外资和对外投资平衡,逐步实现国际收支基本平衡"①。2015年9月,《中共中央国务院关于构建开放型经济新体制的若干意见》正式出台,其中明确提出总体目标是,加快培育国际合作和竞争新优势,更加积极地促进内需和外需平衡、进口和出口平衡、引进外资和对外投资平衡,逐步实现国际收支基本平衡,形成全方位开放新格局,实现开放型经济治理体系和治理能力现代化,在扩大开放中树立正确义利观,切实维护国家利益,保障国家安全,推动我国与世界各国共同发展,构建互利共赢、多元平衡、安全高效的开放型经济新体制②。

(三) 党的十八届五中全会和"十三五"规划纲要

2015年10月,党的十八届五中全会召开,在《中共中央关于制定国民经济和社会发展第十二个五年规划的建议》中,国际收支出现在第六章"坚持开放发展,着力实现合作共赢"中的"扩大金融双向开放"部分,提出了"加强国际收支监测,保持国际收支基本平衡"③。对比2010年10月,党的十七届五中全会召开,在《中共中央关于制定国民经济和社会发展第十二个五年规划的建议》第十一章"实施互利共赢的开放战略,进一步提高对外开放水平"中提出"优化对外贸易结构",要求"发挥进口对宏观经济平衡和结构调整的重要作用,促进贸易收支基本平衡"④,由此可见,"十三五"期间将在"十二五"关

---

① 《中央经济工作会议在北京举行》,《人民日报》2014年12月12日第1版。

② 参见《中共中央国务院关于构建开放型经济新体制的若干意见》,人民出版社2015年版,第2页。

③ 《中共中央关于制定国民经济和社会发展第十三个五年规划的建议》辅导读本,人民出版社2015年版,第41、42页。

④ 《中共中央关于制定国民经济和社会发展第十二个五年规划的建议》辅导读本,人民出版社2010年版,第41、42页。

注贸易平衡的基础上更加突出国际收支基本平衡。在2016年3月公布的《中华人民共和国国民经济和社会发展第十三个五年规划纲要》中,"国际收支平衡"出现在第三章"主要目标"之中。"十三五"规划纲要提出了全面建成小康社会新的目标要求。其中,"发展协调性明显增强"明确要求"对外开放深度广度不断提高,全球配置资源能力进一步增强,进出口结构不断优化,国际收支基本平衡"①。

第三节 对中国国际收支的全面认识与展望

一 全面认识中国国际收支

全面认识中国国际收支必须要理解经常项目收支结构的合理性问题。从国际收支的结构来看,中国经常项目收支顺差主要来源是货物和服务项目,而货物和服务项目中,货物收支为顺差,服务项目为逆差。这表明我国经济发展水平相对较低,主要依靠实际货物的出口来获取顺差②。相对于货物贸易,中国国际服务贸易出口明显落后,连年逆差。2013年上半年逆差额为551亿美元,这与我国全球第一大贸易国及经济实力和国际地位不相称。从服务贸易结构来看,出口多属于附加值较低的低端服务产业的出口;而进口则大多数以附加值较高的知识、技术密集型产业为主。这种贸易结构也使得中国在国际服务贸易竞争中处于不利地位③。就宏观经济管理而言,除了强调需求

---

① 中共中央宣传部:《习近平总书记系列重要讲话读本》,学习出版社、人民出版社2016年版,第56、57页。

② 姜波克:《国际金融新编》(第五版),复旦大学出版社2012年版。

③ 沈丹阳:《美国是如何促进服务贸易出口的》,中国商务出版社2013年版。

管理，进口贸易结构调整也是重要的管理手段，应在优化基本品进口结构的基础上，适当增加资本品进口比重，相对缩小初级品进口比重增长速度，稳定并着力优化中间品的进口结构，适当增加消费品进口比重，注重增加从外部获得更优质的知识产权类服务及其他服务[①]。

另外，资本和金融项目审慎开放也是全面认识中国国际收支的重要方面。现行资本项目管理的主要特点是：直接投资和资产组合投资项下仍保持宽进严出的不对称性质，其他投资下资本的流入流出已大幅放开[②]。根据IMF的资本项目交易分类标准（7大类40项），目前人民币资本项目实现部分可兑换的项目为17项，基本可兑换的8项，完全可兑换的5项，合计占全部交易项目的75%[③]。由于中国资本和金融项目顺差以FDI净流入为主，2012年以来有所回落。由于资本项目顺差受外国证券投资净额和其他投资净额波动的影响，从而表现出一定的周期性[④]。鉴于短期国际资本持续大规模流出基本上都发生在国际金融危机造成全球金融市场动荡期间，随着人民币国际化的推进以及中国资本账户的进一步开放，预计未来几年内证券投资与其他投资的流动规模会继续上升，波动性将会依然处于很高的水平上[⑤]。

[①] 裴长洪：《进口贸易结构与经济增长：规律与启示》，《经济研究》2013年第7期。

[②] 金中夏：《中国资本账户开放与国际收支动态平衡》，《国际经济评论》2013年第3期。

[③] 胡晓炼：《资本项目可兑换与人民币跨境使用》，《第一财经日报》2012年11月29日。

[④] 张礼卿：《国际金融》，高等教育出版社2011年版。

[⑤] 张明：《中国国际收支双顺差：演进前景及政策涵义》，《上海金融》2012年第6期。

二 国际收支失衡与再平衡

（一）理解中国国际收支的失衡

一国国际收支失衡是该国跨越国境，在全球范围内进行资源配置的结果，经常项目失衡可以是动态的前瞻性储蓄投资决策的最优化结果，如此"好的失衡"可能会达到增加社会福利的效果[1]。但是对于中国，经常项目中投资收益逆差可能造成福利损失值得高度关注[2]。从国内经济来看，在国内储蓄率较高，总需求不足、储蓄不能有效转化为投资的情况下，形成了经常项目顺差；在国内金融市场体系不完善，对外资依赖较大、资本流出渠道不畅的情况下，形成了资本和金融项目顺差。实际上，中国经济的对外不平衡其实质是对内不平衡，国际收支失衡是国内经济不平衡的外在反映，促进国际收支平衡，关键在于经济结构调整和经济转型升级[3]。从全球经济来看，中国经常项目的特点决定了影响其顺差变动的重要外部因素是全球贸易周期性的增长[4]。新常态下的国际收支基本平衡受到广泛关注，易纲指出长期离开均衡点是不可持续的，会积累风险，只有国际收支接近平衡才是中国人民福祉最大化的区域[5]。

---

[1] 李扬、张晓晶：《失衡与再平衡——塑造全球治理新框架》，中国社会科学出版社2013年版。

[2] 余永定：《国际收支结构变动的理论和实践及其对中国的政策含义》，《科学发展》2014年第7期。

[3] 陈果静：《促进国际收支基本平衡仍面临挑战》，《经济日报》2014年4月5日。

[4] 程博资、谭小芬：《建立可持续的中国国际收支平衡机制》，《经济问题探索》2014年第9期。

[5] 易纲：《通过汇率变化平衡国际收支》，《经济参考报》2014年1月13日。

(二) 国际收支平衡的持续性

可持续的国际收支平衡机制建立在即。从内外均衡角度来看,由于不同国家"保增长"和"抑通胀"等其他目标之间的矛盾冲突程度相差甚大,不同新兴市场经济体在保增长时的政策选择空间相应差距甚大。中国作为经常项目收支顺差国,在"保增长"时较少存在政策目标冲突,但如果经常项目收支持续逆差,则在"保增长"时会面临政策目标冲突[1]。伴随人民币资本项目进一步开放,中国国际收支格局可能呈现以下五种可能的情况(参见表3-1)[2]。

表3-1　　中国国际收支格局的五种可能状况

	经常项目	资本与金融项目	外汇储备
不可持续(不宜长期追求)	顺差	顺差	增加
不可持续(且不太可能出现)	逆差	逆差	减少
不可持续(且不太可能出现)	逆差	顺差	稳定
可能(且应争取)	顺差	逆差	平衡
可作为长期均衡目标	平衡	平衡	平衡

资料来源:金中夏(2013)。

鉴于结构性因素与周期性因素均在中国国际收支的改善上发挥作用,如果中国出口的收入弹性大约是价格弹性的3.5倍,则外部需求变动对中国出口的影响,要显著高于由人民币升值或国内要素价格市场化导致的出口价格上升对中国出口的影响[3]。但是,由于结构性因素具有长期稳定、方向单一性和相对

---

[1] 梅新育:《国际收支、汇率与增长的政策选择》,《中国金融》2012年第13期。

[2] 金中夏:《中国资本账户开放与国际收支动态平衡》,《国际经济评论》2013年第3期。

[3] 张明:《国际收支改善的原动力》,《中国外汇》2013年第3期。

不可逆的特点，中国经常账户差额占 GDP 的比重在短期内仍会处于低位①。对于中国国际投资头寸表失衡与金融调整渠道，在中国外部失衡持续为正的条件下，不仅中国未来净出口增长率会下降，而且还将经历更低的对外净资产回报率，应稳步推进人民币国际化②。

（三）中国国际收支再平衡

当前世界经济进入了结构调整期和产业转型期，这将有利于中国培育"发展新优势"和"抢占未来发展战略制高点"③。要实现国际收支的长期平衡，关键在于国内经济结构调整能否到位，宏观结构性问题能否解决④。中国国际收支的改善，总体上属于结构性调整范围，而经常项目顺差波动主要来自货物贸易顺差的波动，并且货物贸易更容易受到全球贸易环境以及经济状况的影响⑤。促进贸易平衡是中国国际收支保持长期、可持续平衡的基础，实现"稳出口"与"扩进口"相结合，应进一步发挥进口在贸易平衡和经济结构调整中的重要作用⑥。与国际收支平衡的结构性变化相适应，投资收益、服务贸易及其他项目的重要性越发突出，因此，必须

---

① 黄志刚、郑良玉：《中国经常账户盈余下降是周期性的吗？》，《国际金融研究》2013 年第 7 期。

② 肖立晟、陈思羽：《中国国际投资头寸表失衡与金融调整渠道》，《经济研究》2013 年第 7 期。

③ 李扬、张晓晶：《失衡与再平衡——塑造全球治理新框架》，中国社会科学出版社 2013 年版。

④ 穆志谦：《国际收支将持续趋于平衡——对话国家外汇管理局副局长王小奕》，《中国外汇》2014 年第 13 期。

⑤ 程博资、谭小芬：《建立可持续的中国国际收支平衡机制》，《经济问题探索》2014 年第 9 期。

⑥ 管涛：《构建国际收支平衡市场化机制》，《中国金融》2014 年第 1 期。

大力发展服务贸易①。由于资本和金融项目形成的是债务性资产（如外资流入等），这意味着在外汇储备资产当中的负债部分也在相应增加②。从国际收支整体格局出发，资本账户开放要在国际收支基本平衡框架下统筹考虑，开放程度和规模应与经常项目变化趋势相协调。

三　中国国际收支的展望
（一）中国国际收支的未来发展

人口因素是影响国际收支的重要结构性因素，在人口老龄化压力下，发展中国家人口的年龄结构对国际收支平衡的影响将逐步显现③。鉴于结构性因素与周期性因素均在中国国际收支的改善上发挥作用，如果中国出口的收入弹性大约是价格弹性的 3.5 倍，则外部需求变动对中国出口的影响，要显著高于由人民币升值或国内要素价格市场化导致的出口价格上升对中国出口的影响④。但是，由于结构性因素具有长期稳定、方向单一性和相对不可逆的特点，中国经常账户差额占 GDP 的比重在短期内仍会处于低位⑤。对于中国，未来国际收支格局可能呈现五种可能情况，其中，经常项目顺差与资本和金融项目逆差是应争取的可能状况⑥。这意味着，一方面，经常项目顺差与资本和

---

① 松野周治：《全球金融危机后国际收支结构性变化下的东北亚经济合作》，《社会科学战线》2014 年第 1 期。

② 张茉楠：《国际收支新常态决定未来政策走向》，《经济参考报》2014 年 10 月 30 日。

③ 谢建国、张炳男：《人口结构变化与经常项目收支调整：基于跨国面板数据的研究》，《世界经济》2013 年第 9 期。

④ 张明：《国际收支改善的原动力》，《中国外汇》2013 年第 3 期。

⑤ 黄志刚、郑良玉：《中国经常账户盈余下降是周期性的吗？》，《国际金融研究》2013 年第 7 期。

⑥ 金中夏：《中国资本账户开放与国际收支动态平衡》，《国际经济评论》2013 年第 3 期。

金融项目顺差都可能会减少,甚至可能出现持续逆差的局面①;另一方面,未来中国国际收支应致力于实现个别年份略有结余或适度逆差的动态平衡②。实际上,长期离开均衡点是不可持续的,会积累风险,只有国际收支接近平衡才是中国人民福祉最大化的区域。

(二) 中国国际收支与"一带一路"倡议、人民币国际化战略

刘鹤等在《两次全球大危机的比较》中指出,伴随全球进入总需求不足和去杠杆化的漫长过程,中国的战略机遇期不仅体现为国内市场对全球经济复苏的拉动,也包括发达国家呈现出的技术并购和基础设施投资机会③。当前,人民币国际化和"一带一路"已成为中国构建全方位对外开放新格局以及中国国际收支的新背景。从货币国际化与中国国际收支之间关系的内在逻辑来看,孙国峰指出,货币国际化本质上需要货币发行国出现国际收支缺口来实现,当一国经常项目是逆差时,要实现本币国际化,必须是资本项目逆差,这就关系到一国国际收支格局演变④。对国际收支"新常态",作为非成熟对外债权人,在"一带一路"倡议以及国家发展大战略下,以非居民持有、贸易融资等形式表现出来的人民币外债可能将会继续增长,中国对外净资产将从主要集中于公共部门向民间部门对外净负债进一步扩张转变,外汇形势从持续净流入向趋于基本平衡转变,外汇储备将从增长放缓向"有增有减"的新常态转变,人民币国际化也将从"贸易项下输出"向"资本项下输出"转变。中

---

① 肖崎、林媛:《我国国际收支状况与人民币国际循环机制》,《新金融》2013 年第 11 期。
② 郑尹莎:《力促国际收支平衡》,《瞭望》2013 年 10 月 29 日。
③ 刘鹤:《两次全球大危机的比较研究》,中国经济出版社 2013 年版,第 16 页。
④ 孙国峰:《资本输出:人民币国际化的战略选择》,《比较》2014 年第 6 期。

国国际收支和外汇供求关系"新常态"将与人民币国际化形成良性互动的正向循环①。2014年12月召开的中央经济工作会议首次明确"稳步推进人民币国际化"②，实际上，中国政府对人民币国际化一直采取审慎方针。伴随着改革开放不断深化和"一带一路"建设，更多市场需求被激发，人民币资本项目可兑换有序推进，人民币国际使用的范围和规模呈现稳步发展态势。正如王国刚所指出的，更重要的是"一带一路"可能将会改变"中国出口产品→获得贸易顺差→外汇用于购买美国国债等证券→美国等发达国家增大对外直接投资→中国获得外商直接投资→外商引致的中国出口能力增强"这一中国资源成为美国等发达国家增强其全球资源配置能力的原过程，强化中国在全球的资源配置能力③。

（三）促进涉外经济和金融良性循环

党的十九大报告指出，"坚决打好防范化解重大风险的攻坚战"，"有效维护国家安全"。金融安全，是国家安全的重要组成部分，是经济平稳健康发展的重要基础④。2017年4月，习近平总书记在第五次全国金融工作会上强调，要把主动防范化解系统性金融风险放在更加重要的位置，科学防范，早识别、早预警、早发现、早处置，着力防范化解重点领域风险，着力完

---

① 林楠：《2015年的中国国际收支》，载殷剑峰《中国金融发展报告（2016）》，社会科学文献出版社2015年版，第312页。

② 《中央经济工作会议在北京举行》，《人民日报》2014年12月12日第1版。

③ 王国刚：《"一带一路"：基于中华传统文化的国际经济理论创新》，《国际金融研究》2015年第7期。

④ 2017年4月25日，习近平总书记在中共中央政治局第四十次集体学习时强调，维护金融安全，是关系我国经济社会发展全局的一件带有战略性、根本性的大事。金融活，经济活；金融稳，经济稳。必须充分认识金融在经济发展和社会生活中的重要地位和作用，切实把维护金融安全作为治国理政的一件大事，扎扎实实把金融工作做好。

善金融安全防线和风险应急处置机制①。当前和今后一个时期，我国金融领域尚处于风险易发高发期，既要防止"黑天鹅"事件发生，也要防止"灰犀牛"风险发生，涉外金融要注意国际经济复苏乏力，主要经济体政策外溢效应等使我国面临跨境资本流动和汇率波动等外部冲击风险②。近30年来，人民币兑美元汇率与中国国际收支相伴而行（见图3-1）；伴随跨境资本流动的规模日益增大，进入"新常态"以来，十年期国债中美利差与跨境资本流动相关性较大（见图3-5），尽管未来中美利差如果继续收窄，可能会缓舒跨境资本净流出，但趋稳态势仍不显著。随着"一带一路"建设、汇率市场化、资本项目可

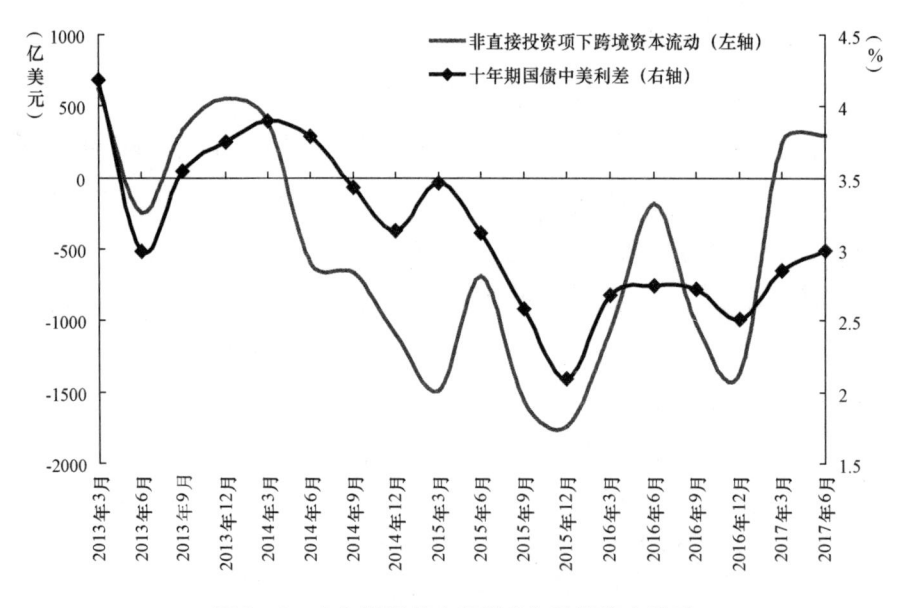

图 3-5 十年期国债中美利差与跨境资本流动

资料来源：Wind 及作者计算。

---

① 习近平：《习近平谈治国理政》（第二卷），外文出版社2017年版，第280页。

② 周小川：《守住不发生系统性金融风险的底线》，《党的十九大报告辅导读本》，人民出版社2017年版。

兑换、金融开放及人民币国际化稳步推进,我国国际收支交易的类型将更多,跨境资本流动规模将更大,需要配套更加及时、完整、有效的国际收支风险监测体系及应急机制,跨境资本流动的均衡管理机制,以从宏观到微观全面掌握我国国际收支运行,促进涉外经济和金融健康发展。

第四节 国际资本流动与外汇储备分析

从流量角度来看,国际资本流入是外国居民对国内资产的净购买,而国际资本流出则是国内居民对外国资产的净购买,这些数据在国际货币基金组织国际收支平衡表上有很好的描述[①]。

一 国际资本流动分析
(一) 国际资本流动的分类

从国内来看,对于国际短期资本流动的分类,按投资者目的可区分为国际长期资本流动和国际短期资本流动,国际短期资本流动的投资者投资意图是在短期内改变或扭转资本流动的方向[②]。陈雨露将国际短期资本流动分为贸易资金流动、银行资金调拨、保值性流动、安全性流动、投机性流动五种[③]。其中,安全性流动也称资本外逃,是由于国内经济情况恶化或政局动

---

① John Eaewell, Murray Milgate, and Peter Newman, *The New Palgrave Dictionary of Economics*, Third Edition, London: Macmillan Publishers Ltd., 2018.

② 陈岱孙、厉以宁:《国际金融学说史》,中国金融出版社1991年版。

③ 陈雨露:《国际资本流动的经济分析》,中国金融出版社1997年版。

荡等原因为保证资本安全而发生的资本流动；投机性流动是指各种投机者利用国际市场行情涨落差异和对变动趋势的推测而进行投机，以攫取超预期利润为目的的资金流动。根据外汇资金与实体经济关联度来衡量，我国外汇资金大致可以分为三种类型：第一类是有真实贸易投资背景，属于合法合规的资金；第二类是没有真实贸易投资背景、以短期套利为动机的资金，即传统意义上的"热钱"；第三类是有真实贸易投资背景，属于各类市场主体通过跨境资金摆布获取本外币利差和汇差等套利收益的资金。从监管上看，第三类资金带有"热钱"的性质，客观上加大了外汇资金与实体经济的背离，容易诱发金融领域的潜在风险，给宏观经济平稳运行带来新挑战[①]。

（二）国际资本流动现状与管理

从国际金融危机以来的国际资本流动来看，余永定和张明指出，在亚洲金融危机结束后的2002—2007年间，流向发展中国家的资本大幅度增加。但是，雷曼兄弟倒闭之后，国际资本迅速回流美国，使发展中国家出现流动性短缺、信贷紧缩和经济衰退[②]。2009年下半年至2011年上半年间，由于发达国家央行集体实施零利息率与量化宽松政策，国际资本又重返发展中国家，导致发展中国家资产泡沫和通货膨胀急剧恶化。2011年9月之后，欧债危机的恶化又导致国际资本迅速流出发展中国家，回流美国（国债市场避险）和欧洲（商业银行去杠杆化）。结合国际金融危机后国际资本流动的新形势的深刻变化和新兴市场国家资本管制的成功实践，IMF逐渐肯定了资本管制的作用，并提出了国际资本流动的政策框架（CFMs），对中国的启

[①] 李超：《国际收支新形势下的外汇管理》，《中国金融》2011年第20期。

[②] 余永定、张明：《资本管制和资本项目自由化的国际新动向》，《国际经济评论》2012年第5期。

示是：资本项目可兑换并不意味着对资本流动没有管理，而应逐步建立健全宏观审慎和价格管理制度框架，重视相关配套政策改革①。

国际资本流动易变性的主要原因并非在于证券投资的变化，因为证券投资是中国资本项目中控制最严的部分（相关资本的流动规模被合格机构投资者制度限制），而主要源自其他非直接投资的资本流动。伴随人民币在跨境贸易的使用不断增加，企业更易于在外币和人民币之间以及在国内外融资渠道之间进行转换②。

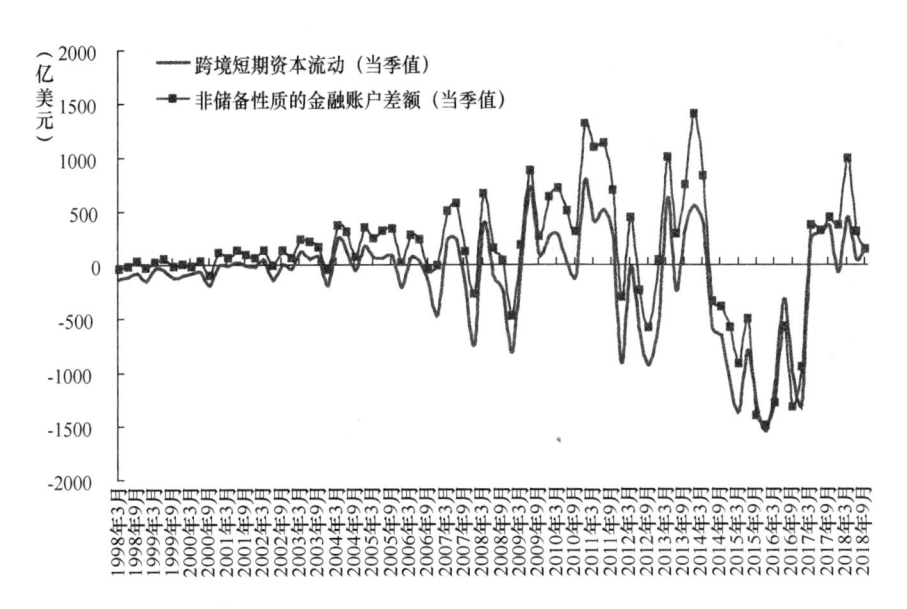

图 3-6 中国跨境短期资本流动

资料来源：Wind。

当前，跨境短期资本流动对人民币汇率走势、外汇储备的影

---

① 李超：《国际货币基金组织资本流动管理框架的转变及其启示》，《国际经济评论》2013 年第 5 期。

② 汪涛、胡志鹏、翁晴晶：《变化的国际收支与波动的资本流动》，《银行家》2013 年第 6 期。

响已明显增强。伴随"债务偿还"和"藏汇于民",监管套利在外汇市场本外币供求失衡以及多重均衡下不仅导致汇率预期自我实现,同时也增加了跨境短期资本流动的波动性、易变性和激烈性。对于跨境短期资本流动,按照IMF通常使用的国际收支平衡表中的非直接投资形式的资本流动来衡量,而非简单用外汇储备变动减去FDI流入和贸易顺差。其中,其他投资项下资本流动既是跨境短期资本流动的最主要部分,也是当前影响中国国际收支状况的重要因素。综合来看,2017年以来已改变2014年上半年以来中国跨境短期资本持续流出的局面,2018年跨境短期资本流动呈现净流入且逐渐收敛于平衡(见图3-6)。

二 外汇储备分析

(一)对于外汇储备合意规模的理解

国内在外汇储备的研究思路上主要是采用静态或动态最优控制理论,建立外汇储备需求模型,但大多只限于外汇储备的各项指标界限的确定。武剑通过对国际收支状况进行横向与纵向的对比分析,指出外汇储备的合理规模是一个动态概念,它与国家的经济开放程度和国际收支结构密切相关[1]。刘艺欣分析了影响我国外汇储备的一些因素,以2004年为例,根据贸易顺差、外债余额、外商在华直接投资、外汇平准基金等基本数据测算出我国外汇储备的适度规模,认为我国目前的外汇储备规模是基本合理的[2]。从研究影响外汇储备关键变量的文献看,在研究汇率与外汇储备关系方面,王群琳通过分析1985—2006年间外汇储备与各宏观经济变量之间的关系发现,同期GDP、年

---

[1] 武剑:《我国外汇储备规模的分析与界定》,《经济研究》1998年第6期。

[2] 刘艺欣:《论我国外汇储备规模的适度性》,《当代经济研究》2006年第4期。

均汇率水平、经常项目差额以及对外贸易依存度是中国外汇储备规模的影响因素，而CHOW检验又进一步证实了汇率因素是外汇储备规模过量的主要原因[1]。讨论中国国际储备最优规模应当基于中国现实，还应放到人民币国际化进程的历史背景中全面考察，当货币国际化程度达到一定水平之后，本币对防范本国开放风险的作用日益增强，并占据重要地位，这直接降低了对国际储备的预防性需求，并导致国际储备规模下降[2]。陈雨露和张成思通过分析和诠释全球新型金融危机的特征与影响，提出在新型危机背景下实现人民币国际化是最终解决中国外汇储备管理问题的长期策略[3]。白钦先和张至文从外汇储备角度解释了日元国际化程度较低的原因。通过分析日本1976—2009年间外汇储备规模与日元国际化程度之间的关系，发现日本过多的外汇储备占比对日元国际化具有显著的负面影响，在控制了日元汇率波动性、国际金融危机的冲击，以及日本超低利率的不利影响后，这一结论仍然成立[4]。陈浪南和黄寿峰在综合考虑国际收支和外汇储备需求的基础上，构建了人民币汇率波动影响外汇储备的理论模型，实证检验结果表明，规模变量、进口倾向、国外收入及汇率因素对外汇储备需求的影响取决于各自对外汇储备瞬时变化的确定性部分的影响[5]。

---

[1] 王群琳：《中国外汇储备适度规模实证分析》，《国际金融研究》2008年第9期。

[2] 祝国平、刘力臻、张伟伟：《货币国际化进程中的最优国际储备规模》，《国际金融研究》2014年第3期。

[3] 陈雨露、张思成：《全球新型金融危机与中国外汇储备管理的战略调整》，《国际金融研究》2008年第11期。

[4] 白钦先、张志文：《外汇储备规模与本币国际化：日元的经验研究》，《经济研究》2011年第10期。

[5] 陈浪南、黄寿峰：《人民币汇率波动影响我国外汇储备变动的理论模型和实证研究》，《系统工程理论与实践》2012年第7期。

(二) 外汇储备收益与管理原则

张斌和王勋采用微分分解和回归方法，考察了2002—2009年间中国外汇储备资产名义收益率与真实收益率变动的原因，发现美国金融市场风险溢价是决定中国外汇储备名义收益率变动的最重要因素，美元汇率和大宗商品价格变化是决定中国外汇储备真实收益率变动的最重要因素[1]。路妍和林乐亭则通过VAR模型实证分析了危机后国际货币体系非均衡性对中国外汇储备的影响，发现汇率是影响中国外汇储备增长的重要条件，且对外贸易对中国外汇储备余额和增长率在短期内影响较大[2]。吴念鲁在分析我国外汇储备形成、性质和特点的基础上，强调了外汇储备管理应当遵循的基本原则：一是保持外汇储备的货币多元化，以分散汇率变动的风险；二是根据进口商品、劳务和其他支付需要，确定各种货币的数量、期限结构以及各种货币资产在储备中的比例；三是在确定储备货币资产的形势时，既要考虑储备资产的收益率，也要考虑流动性、灵活性和安全性；四是密切注意储备货币汇率的变化，及时或不定期调整不同币种储备资产的比例。在全面深化改革的新时期，我国外汇储备改革需厘清四大关系：一是外汇储备与汇率政策的关系；二是外汇储备与货币政策、财政政策的关系；三是外汇储备与国际收支政策的关系；四是外汇储备与人民币可兑换进程的关系[3]。

(三) 外汇储备与央行资产负债的关系

国际收支中资本项目的长期巨额盈余是中国的外汇储备资

---

[1] 张斌、王勋：《中国外汇储备名义收益率与真实收益率变动的影响因素分析》，《中国社会科学》2012年第1期。

[2] 路妍、林乐亭：《危机后国际货币体系非均衡性对中国外汇储备的影响研究》，《宏观经济研究》2014年第1期。

[3] 吴念鲁：《外汇储备管理沿革记忆》，《中国金融》2014年第19期。

产快速增长的主要原因,并且国外资产净额占现金发行准备资产的比重,在1996年以后超过了100%,而当货币发行的准备资产全部由外汇储备构成时,外汇发行国的货币政策,以及国际金融市场特别是外汇市场的任何变化都将对国内货币供应以及货币政策的实施产生重大的影响。在人民币汇率缺乏弹性的条件下,外汇储备的快速增长会造成中国货币供给量的大幅度的增加,这会诱发国内物价水平的普遍上涨[1]。吴念鲁和任康钰从对外债权和国民财富两个视角对外汇储备的本质进行了探讨[2]。从本外币的运动角度来看,外汇储备必然是在本国与外部世界进行经济交往的过程中,引起了对外汇的供给与需求,并经由中央银行的某种参与而形成的。一国外汇储备在一段时期里的增减变化与一国所从事的国际贸易活动与国际资本流动在两个方向上的净值相关。由于国际贸易活动和国际资本流动都反映在一国的国际收支统计中,因此,还可以运用国际收支平衡表来理解外汇储备的形成。私人部门经过商业银行与中央银行的本外币互换行为是外汇储备形成的基础,因此,还可以根据中央银行的资产负债表来理解外汇储备的形成。资产中的外汇储备的增加,必然会带来负债即基础货币的相应增加,因此,货币当局积累外汇储备对应于货币供应增加,也就是说,外汇储备形成也是一个货币发行过程。中国现行外汇储备投资法律制度尚有诸多不足,外汇储备管理权属重叠、外汇储备投资主体设置不完善、外汇投资运营监督制度阙如等制度困境都亟待破解。

(四)外汇储备与外部冲击应对

外汇储备是我国重要的金融资产和战略资源,在国民经济

---

[1] 李扬:《外汇体制改革与中国的金融宏观调控》,《国际经济评论》1997年第3期。

[2] 吴念鲁、任康钰:《对外汇储备本质的探讨——对外债权与国民财富的辨析》,《国际金融研究》2013年第5期。

发展中发挥着保障对外支付、维护汇率稳定和国家经济安全等不可替代的作用，外汇储备经营管理已成为新时代实施宏观审慎管理的重要抓手。尽管全球政治经济形势复杂多变，国际金融市场波动性明显上升，外汇储备经营管理面临艰巨的挑战，但是，我国外汇储备资产风险和收益仍然实现了平衡。作为全球第一大外汇储备国，我国的外汇储备充足，储备支付进口、外债等相关警戒指标都处于安全范围内。我国外汇储备不仅起到了对冲资本外流的作用，而且在防范"黑天鹅"和"灰犀牛"风险中发挥着重要作用。从防范化解重大风险看，外汇储备既是"连接器"又是"防火墙"。从作为重要的调控工具看，外汇储备对跨境资本流动有"压舱石"作用。外汇储备不仅事关宏观调控的预期管理，而且也是跨境资本流动的周期指针和逆周期"稳定器"。结合央行资产负债表，央行资产负债表的外化程度（货币当局外汇资产占总资产的比重）一直处于较高水平，2018年已大致回落到2005年的水平。这与人民币汇率动态、外汇储备变化及跨境短期资本流动之间相互强化有关。值

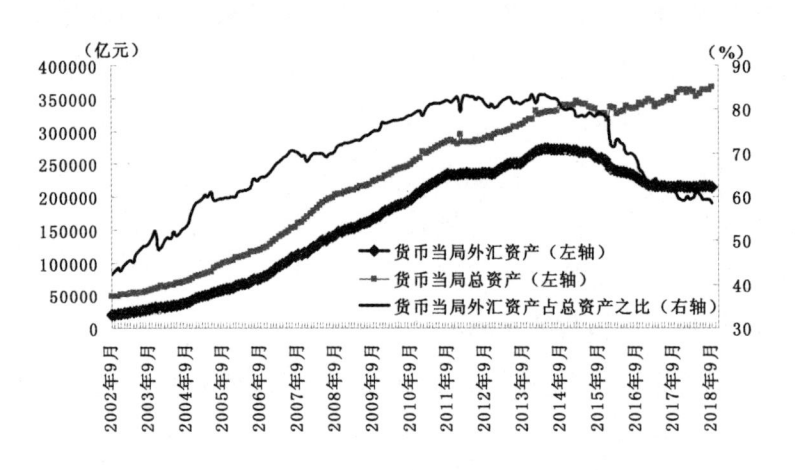

图 3-7 我国货币当局外汇资产占总资产比重

资料来源：Wind。

得注意的是,进入"十三五"以来,我国央行资产负债表外化程度仍近60%。从趋势上看,在中美贸易摩擦中,央行外汇占款及与之相应的货币投放,可能会受到外部扰动,值得高度关注。

第四章 人民币国际化

随着改革开放的深化与综合国力的提高，人民币国际化已经成为我国国际经济政策中的一个重要目标。人民币国际化对于促进我国国际贸易与投资的发展，提高我国在国际经济与金融体系中的地位，增强我国在国际事务中的话语权，提高我国在全球范围内获取与配置资源的能力具有关键性的意义。

第一节 人民币国际化的含义与动因

一 人民币国际化的含义

尽管人民币国际化很早就成为国内学术界的热点议题，但在相当长的时间内，它并没有成为官方提法，而更经常被使用的概念是"人民币的境外使用"。2014年年底中央经济工作会议首次提出稳步推进人民币国际化，2015年6月人民银行首次发布《人民币国际化报告（2015）》，人民币国际化才正式成为官方认可的政策概念。但即便如此，在人民币国际化的含义上仍然存在着相当大的模糊性，许多相关的学术与政策讨论并没有对此加以明确的界定。

在国际上，Cohen最早从货币职能的角度定义国际货币，认为国际货币的职能是货币国内职能在国外的扩展，当私人部门和官方机构出于各种目的将一种货币的使用扩展到该货币发行国以外时，这种货币就发展成为国际货币①。Kenen 沿袭这一思路，认为货币国际化是指一种货币的使用超出国界，在发行国境外可以同时被本国居民或非本国居民使用和持有②。Chinn 和 Frankel 从价值储藏、交易媒介和记账单位三种功能的维度，对于国际货币的官方用途与私人用途进行了列举，指出国际货币可用于私人用途的货币替代、投资计价以及贸易和金融交易，同时也可用作官方储备、外汇干预的载体货币以及钉住汇率的锚货币③。这一国际货币的功能范式也被之后的许多研究所沿用。

表4-1　　　　　　　　国际货币的基本功能④

货币功能	官方用途	私人用途
价值储藏	国际储备	货币替代（私人美元化）和投资
交易媒介	外汇干预载体货币	贸易和金融交易结算
记账单位	钉住的锚货币	贸易和金融交易计价

虽然早期对人民币国际化进行探讨的国内学者可能并不了解 Cohen 等人的国际货币定义，但对于人民币国际化的理解总体上也是从上述货币职能扩展的视角出发。例如，最早对人民币国际化进行探讨的学者之一胡定核就将国际货币的机能归纳为国际交易、国际清算、国际储备、国际投资、汇市干预和价

---

① Cohen, B., *The Future of Sterling as an International Currency*, London: Macmillan, 1971.

② Kenen, P., "The Role of the Dollar as an International Currency", *Occasional Papers*, No. 13, Group of Thirty, New York, 1983.

③ Chinn, Menzien and Jeffrey Frankel, "Will the Euro Eventually Surpass the Dollar as Leading International Reserve Currency?", NBER Working Paper, No. 11510, 2005.

④ Ibid..

值尺度等6个方面①。类似地，张宇燕认为，人民币国际化意味着人民币逐步成为国际经济金融往来的计价、结算与储备货币②。高海红与余永定则更为正式地基于Kenen-Chinn-Frankel的国际货币概念框架对人民币国际化的基本含义进行了详细阐释，并且根据这一框架对人民币的国际化水平进行了评估③。

不过，在人民币国际化的计价、结算与储备货币3项功能上，许多学者认为存在着主次之分。一种较为普遍的观点是将"成为国际主要储备货币"作为人民币国际化的最终目标，"成为国际交易货币"则是达成上述目标的基本路径④。显然，这种关于人民币国际化含义的理解与人民币国际化的动机密切相关。

二 人民币国际化的动因

货币国际化有其收益和成本。货币国际化能给其发行国带来如下收益：（1）获得铸币税收入。铸币税是指一国发行货币的成本与货币能够换取的实际资源价值之差，国际铸币税则是货币发行国由于其他国家接受其货币作为支付和价值储藏手段而获得的铸币税收入；（2）货币国际化意味着发行国能够以本币向外国政府与投资者举债，从而降低发债的成本与风险；（3）货币国际化意味着发行国可以用本币进行对外贸易与国际投资的结算，同时可以用本币干预外汇市场，这就降低了积累外汇储备的必要性；（4）货币国际化有助于降低汇率变动不确定性对国际贸易与国际投资的影响，以及降低货币兑换导致的

---

① 胡定核：《人民币国际化探索》，《特区经济》1989年第1期。
② 张宇燕：《人民币国际化：赞同还是反对》，《国际经济评论》2010年第1期。
③ 高海红、余永定：《人民币国际化的含义与条件》，《国际经济评论》2010年第1期。
④ 王国刚：《人民币国际化的冷思考》，《国际金融研究》2014年第4期。

交易成本，从而促进发行国的对外贸易与投资；(5) 货币国际化有助于提升国内金融市场的发展水平和国际竞争力。

在理论上，人民币国际化的利弊得失与其他国际货币并无本质区别，差异仅在于不同因素的权重。不过回顾人民币国际化的进程，很难说政策当局与学者在最初对于人民币国际化的收益和成本有非常清晰的认识。实际上，人民币国际化的动力来自两个方面：由于中国经济实力增强所带来的"货币自信"，以及经济增长所带来的汇率升值与外汇储备增长压力。从国内期刊发表的人民币国际化文献数量可以看出，关于人民币国际化研究的热度在2009年存在一个明显的转折。在此之前，尽管关于人民币国际化已经有一些学术讨论，但是并没有被学术界作为一个近期内可行的目标加以看待，然而在2008年国际金融危机爆发之后，人民币国际化的前景则变得更为现实。尤其周小川发表关于国际货币体系改革的观点之后[①]，迅速在国内学术界得到了热烈的回应。人民币成为主要国际货币甚至取代美元地位也成了一个热点话题。

从当时的文献来看，国内倡导人民币国际化的动因主要有以下几个方面：

第一，缓解外汇储备快速增长的宏观经济压力。自2000年以来，中国的外汇储备迅速增长，在2009年年底已超过2万亿美元。高额的外汇储备虽然有助于支持国家信用，防范国际收支波动，但是也带来了一系列的问题，其中最为突出的就是对我国基础货币的投放构成了巨大压力，导致国内金融泡沫的积累和通胀势头的倍增。有相当一部分学者认为，这一现象的出现是由于人民币缺乏国际货币地位，从而不得不采用美元等主要国际货币作为储备，因此人民币国际化将在一定程度上缓解

---

① 周小川：《关于改革国际货币体系的思考》，《中国金融》2009年第7期。

我国高额外汇储备产生的压力①。

第二，获取能源与国际大宗商品定价权。随着中国经济的高速增长，对于能源和大宗商品的进口规模也不断扩大，而国际大宗商品的价格上涨则使中国企业面临巨大成本压力。有许多分析认为，产生这一局面的原因在于中国企业在国际大宗商品市场缺乏定价权，因此只能被动接受卖家的价格，而这一现象背后的深层原因则是由于人民币是非国际货币，因此无法实现国际贸易的人民币定价。如果人民币获得国际货币地位，并且建立以人民币定价的大宗商品交易中心，则可以使得中国企业获得大宗商品的定价权②。

第三，解决货币错配问题。货币错配是指一个权益实体（国家、银行、非金融企业和家庭）收支活动使用不同的货币计价，其资产和负债的币种结构不同，导致其资产净值或者净收入对汇率波动非常敏感。货币错配在微观层面上对市场主体所产生的影响，必然会叠加和传导到宏观层面，形成系统性货币错配风险，进而影响整个国家的金融稳定和经济安全。自2000年以来，中国资本项目一直处于顺差，企业积累了大量的美元债务。在人民币汇率逐渐波动的条件下，高额的美元债务会给企业偿债带来巨大风险。规避货币错配的一个途径就是在国际交往中使用本币计价结算，所积累的债权债务也都用本币计价，这就要求推进人民币的国际化③。

第四，挑战"美元霸权"与中国作为全球重要政治与经济势力崛起的需要。美元霸权，就是美元在国际货币体系中的特

---

① 王元龙：《人民币资本项目可兑换与国际化的战略及进程》，《中国金融》2008年第10期。

② 吴念鲁、杨海平、陈颖：《论人民币可兑换与国际化》，《国际金融研究》2009年第11期。

③ 曹红辉、胡志浩：《亚洲债券的计值货币与人民币的国际化》，《国际金融研究》2007年第10期。

权地位。有相当多的学者认为，当前不合理的国际货币体系及全球金融动荡的原因在于美国基于其美元霸权而实施的不负责任的货币政策，而要使国际货币体系走入正轨，必然需要挑战美元霸权，人民币国际化则是其中的一个重要步骤①②。同时，拥有全球化的货币也是中国作为全球经济与政治大国崛起的标志，因为"伟大的国家必然有伟大的货币"③。

第五，"倒逼"国内金融改革。"以开放促改革"是中国经济转轨过程中的一个重要经验，加入WTO给国内产业政策所带来的变化就是其中的一个例子。同样，人民币国际化由于与资本项目开放、国内金融体系改革的密切联系，也被某些学者作为倒逼国内金融改革的重要举措。从承诺机制的角度来看，人民币国际化是相比其他可能的政策更强的政策承诺，它事关一个大国的国际声誉。因此，人民币国际化可以在相当长时间内引导和统一认识，推动、甚至倒逼一系列重要的、困难的相关改革，包括增加内需、加速城镇化、理顺资源价格、开放服务业、打破垄断市场、技术升级换代，等等④。

值得注意的是，上述某些动因是货币国际化一般收益的具体化，如解决货币错配问题和谋求在国际金融体系中的更强话语权等，但是另一些动因则缺乏足够的理论与实践基础。例如，正如余永定和管涛所指出的，货币国际化与国际收支平衡是两个问题，人民币国际化并不能缓解由于国际贸易顺差所导致的

---

① 张群发：《美元霸权和人民币国际化》，《经济经纬》2008年第2期。
② 杨小军：《当前国际货币体系新特征与人民币国际化》，《上海金融》2008年第11期。
③ 魏伦：《中国货币的影响力之路》，《国际金融》2015年第7期。
④ 黄海洲：《人民币国际化：新的改革开放推进器》，《国际经济评论》2009年第4期。

外汇储备高速积累[1][2]。类似地，即使人民币成为国际货币，给定大宗商品的市场结构，也很难帮助中国企业获得定价权。另一方面，在大部分文献关于人民币国际化成本的讨论中，人们更注意的是人民币跨境流动可能对货币政策效能所带来的不利影响，而内部目标与外部目标之间可能的冲突和更一般的特里芬难题则并不被看作非常现实的威胁。

第二节 人民币国际化的路径

一 人民币国际化的特殊条件

国际货币的产生依赖于以下条件：（1）较大的对外经济规模，与之相伴的较大规模外汇市场会降低外汇交易成本；（2）稳定的货币价值，较低的通货膨胀率能满足价值储藏的需要；（3）开放并富于流动性的金融系统，这能为国际投资者提供更多的投资选择和服务；（4）网络外部性，当某种国际货币的使用者越多时，该种国际货币的交易成本就会越低，其金融市场的流动性就会越强，这反过来又会吸引更多的使用者，由此形成良性循环。

对照上述条件，人民币国际化面临的主要困难可以归结为两个方面：一是中国的金融体系较为封闭；二是美元、欧元的历史"惯性"阻力很大。它们具体表现为以下几点：

首先，资本项目尚未完全开放。自由兑换是一国货币最终成为国际货币的重要条件。若不能自由兑换，货币持有者的货币交易和持有成本将会上升，那么该货币在国际竞争中将处于

---

[1] 余永定：《再论人民币国际化》，《国际经济评论》2011年第5期。

[2] 管涛：《货币国际化需要正确的理论指导》，《新金融》2014年第9期。

劣势地位。因此,可自由兑换是人民币国际化的重要技术条件。目前我国资本项目尤其是部分交易项目仍受到限制,而且由于种种因素,这些交易项目的开放仍然没有明确的前景,随着人民币国际化程度逐步提高,这一制约将会越来越显著①。

其次,中国的资本市场发展仍然处于较低水平。相较于实体经济领域,我国的金融体系改革相对滞后,而资本市场的发展,尤其是债券市场,仍然处于较为落后的状态。资本市场不仅容量较小,产品结构也较为简单,完整的利率曲线尚未形成,而且具有较强的封闭性,因此难以为持有人民币的投资者提供丰富的金融产品。这也构成了人民币国际化的一个重要障碍。

再次,国际货币的流通具有很强的网络效应,即交易者接受某种国际货币作为交易媒介和价值储存手段的意愿在相当程度上依赖于愿意接受此种货币的其他交易者的规模,因为后者不仅提高了其持有的特定国际货币被接受的可能性,而且能够通过规模经济降低金融市场基础设施的平均使用成本。当某种国际货币的使用者越多,则该种国际货币的交易成本就会越低,其金融市场的流动性就会越强,这反过来又会吸引更多的使用者,由此形成良性循环。在这种情况下,国际货币地位具有很强的路径依赖性,人民币要挑战既有国际货币的地位非常困难。

最后,与人民币流通相关的国际金融市场基础设施不足。金融市场基础设施指的是金融交易参与机构之间,用于清算、结算或记录支付、证券、衍生品或其他金融交易的多边系统,包括支付系统、中央证券存管、证券结算系统、中央对手以及交易数据库等。由于以往人民币在国际金融市场的使用非常有限,相关金融市场基础设施的建设也相对不足,从而大大增加了人民币国际业务的交易成本,这也是人民币国际化的一个重

---

① 宗良、李建军:《人民币国际化的目标与路线图》,《中国金融》2012年第13期。

要障碍。

二 人民币国际化的路径

由于中国所面临的特定经济与金融条件，人民币国际化的路径也成为一个重要的问题，政策当局和学界对此也远没有形成一致意见。总体上来看，在人民币国际化的路径问题上存在着两派观点，即基于经常项目的国际化路径和基于资本项目的国际化路径，或者说，"资本输出＋跨国企业"模式与"贸易结算＋离岸市场"模式[①]。

基于经常项目的人民币国际化路径试图依赖中国商品的国际竞争力和庞大的外汇储备来扩大人民币的国际影响。一种典型的运作机制是，通过央行货币互换或跨国直接投资将人民币注入外国金融体系，使得外国商业机构可以获得人民币，用于支付从中国进口的商品。

基于资本项目的人民币国际化路径则试图通过中国经济提供的高资本收益率来扩大人民币的国际影响。其基本思路是通过资本项目开放或离岸人民币市场，为国际人民币持有者提供高收益的人民币金融产品，并因此提高非中国居民持有人民币的积极性；而非中国居民获得人民币的途径在人民币国际化的初期主要是贸易的人民币结算，在资本项目开放后则是人民币的直接兑换。

与人民币国际化的路径相应，在其步骤和阶段上也存在着相当多的观点。例如，一种很普遍的人民币国际化渐进发展思路是：（1）中国必须保持对其他国家的持续贸易顺差，由此扩大中国商品在世界贸易网络的需求和影响力；（2）在贸易项目

[①] 殷剑峰：《人民币国际化："贸易结算＋离岸市场"，还是"资本输出＋跨国企业"？——以日元国际化的教训为例》，《国际经济评论》2011年第4期。

保持对多数国家顺差的前提下，通过以人民币为载体的对外借贷、资本输出和援助，即通过资本与金融项目，将人民币推向世界；（3）逐步实现人民币完全可兑换，并以此为基础建立发达的人民币市场，吸引非居民持有人民币定值资产。概括而言，交易与支付手段、金融资产定价标准、储备货币，是人民币国际化逐步经历的三个阶段。

关于人民币国际化步骤的另一种思路则强调人民币使用的区域维度：短期内我国要继续扩大与周边国家进而亚洲国家或地区的人民币跨境贸易结算，逐步实现人民币的区域化，在此基础上，通过"滚雪球效应"在中长期内逐步推动人民币在国际贸易结算中成为核心货币[①]。具体而言，这一思路要求人民币首先成为东亚区域内经常账户交易的结算货币，然后成为新兴市场经济体的储备货币，最后成为推广到发达国家的交易货币与储备货币。

从根本上看，人民币国际化的路径与步骤所需要解决的终极问题是如何克服由于网络效应所形成的国际货币路径依赖，进而形成可持续的新国际货币体系，其中人民币是重要的国际货币。在理想的情况下，一种国际货币可以基于网络效应本身而得以持续存在，但是在达到这一状态之前，货币发行者所提供的竞争优势则是支持其国际地位的必要条件。因此在人民币国际化过程中，不同路径设计所依赖的竞争优势是否具有足够的强度和可持续性，是其中的核心问题。

三　推进人民币国际化的主要渠道

尽管在人民币国际化的路径上存在相当大的争议，从实际上来看，基于中国经济改革"摸着石头过河"的实用主义传统，

[①] 宗良、李建军：《人民币国际化的目标与路线图》，《中国金融》2012年第13期。

推进人民币国际化的方式则非常多样化。具体来看，目前人民币国际化的渠道主要包括三个方面，即货币互换等官方货币合作、人民币贸易结算和人民币离岸市场①。

第一，以货币互换等官方合作推动人民币国际化。中央银行之间的双边货币互换原本是为出现流动性问题的国家提供救助，这也是中国人民银行与其他货币当局签署人民币互换协议的最初意图。但除此之外，人民币互换协议也为推动人民币国际化提供了一个重要的渠道。2008年以来，人民银行先后与38个国家和地区的央行或货币当局签署了双边本币互换协议，总金额超过3.7万亿元。截至2018年年末，中国人民银行与伙伴央行签署有效双边互换协议30份，总金额3.48万亿元。本币互换安排对便利中国与有关国家和地区贸易投资、维护金融稳定、促进人民币国际使用发挥了积极作用②。2016年10月，人民币正式加入国际货币基金组织（IMF）特别提款权货币篮子，权重为10.92%，在篮子货币中排名第三。人民币加入SDR，体现了国际社会对于中国综合国力和改革开放成效，特别是人民币国际使用功能的认可，是人民币国际化的重要里程碑③。

第二，以贸易结算和投资计价引导人民币走出去。2009年7月，上海和广东省的广州、深圳、珠海、东莞等城市启动跨境贸易人民币结算试点，境外地域范围为中国港澳地区和东盟国家。2010年6月，人民银行等六部委联合将试点地区扩大到北京、天津等20个省（自治区、直辖市），不再限制境外地域范

---

① 高海红：《人民币国际化的基础和政策次序》，《东北亚论坛》2016年第1期。

② 中国人民银行：《2019年人民币国际化报告》，中国人民银行网站，http://www.pbc.gov.cn/，第4页。

③ 中国人民银行：《2017年人民币国际化报告》，中国人民银行网站，http://www.pbc.gov.cn/，第10页。

围，试点业务范围涵盖跨境货物贸易、服务贸易和其他经常项目结算。2011年8月，跨境人民币结算试点扩大至全国，业务范围涵盖货物贸易、服务贸易和其他经常项目结算①。与此同时，为了配合中国企业走出去战略，2010年10月，中国人民银行在新疆试点开展境内企业人民币对外直接投资业务。2011年1月，中国人民银行颁布了《境外直接投资人民币结算试点管理办法》，允许跨境贸易人民币结算试点地区开展对外直接投资人民币结算业务。8月，跨境贸易人民币结算试点范围扩大到全国，人民币对外直接投资业务也扩大至全国范围。10月，外商直接投资业务政策出台。对外直接投资和外商直接投资人民币跨境结算从无到有，在直接投资跨境收付中的份额不断扩大，由2010年的不到5%逐年上升至2018年的超过50%。人民币跨境贸易融资、境外项目人民币贷款、境内企业境外放款、跨境人民币资金池业务等政策也陆续推出并不断完善②。

第三，以人民币离岸市场推动人民币的国际使用。2004年，中国香港的银行体系正式接受人民币存款，随后人民币点心债券不断面世，参与发行的主体也从国内金融机构扩展至境外企业。继中国香港之后，中国台湾地区、新加坡、伦敦和欧洲的卢森堡、法兰克福和巴黎等也开始发展人民币离岸业务。在全球各地重要城市，人民币清算银行纷纷建立，这为人民币结算业务提供了极大的便利③。截至2018年年末，境外清算行人民币清算量合计316.61万亿元。另据不完全统计，截至2018年年末，境外主要离岸市场人民币存款余额超过1.2万亿元（不

---

① 中国人民银行：《2019年人民币国际化报告》，中国人民银行网站，http://www.pbc.gov.cn/，第1—2页。
② 同上书，第2页。
③ 高海红：《人民币国际化的基础和政策次序》，《东北亚论坛》2016年第1期。

包括银行同业存款），人民币贷款余额合计超过3810亿元①。

从上面的政策举措来看，实践中推进人民币国际化的路径可以说依托于经常项目和资本项目的两种思路兼而有之。这种实用主义的策略取得了相当大的成功，尤其是2009年以后，在加大跨境贸易的人民币结算和央行双边货币互换协议的安排下，人民币的国际使用范围进一步扩大，既便利了双边贸易活动和投资活动，维护了区域金融稳定，也为探讨将互换货币兑换成储备货币留下了空间。但是在未来的进一步发展上，人民币国际化的路径却依然存在着较强的不确定性。

在外贸领域，人民币进入国际市场面临着两难选择：从进口角度看，运用人民币购买他国和地区产品是人民币进入国际市场的最顺当路径。但在对手方由于对中国的贸易逆差而缺乏人民币资金的条件下，难以用人民币结算；即便对手方拥有一定数额的人民币，也很容易在数次交易后再次处于缺乏人民币的状态中。由此，中国面临着或者通过利益输出来扩大人民币在国际贸易中的交易规模，或者人民币难以进入国际贸易领域的难题②。

通过央行间的双边货币互换可以在一定程度上解开外贸领域的难题，但它依然有着较大的局限性：其一，互换货币的使用受到双边关系的限制，难以在多边贸易中运用，更难以成为国际市场各类主体之间展开货物、劳务和金融等交易活动中自由使用的货币。其二，互换货币侧重于总额结算，尤其是央行间的结算，难以发挥交易货币在每笔交易中的定价、支付和计价等多重功能。其三，根据央行间的货币互换协议，互换货币

---

① 中国人民银行：《2019年人民币国际化报告》，中国人民银行网站，http://www.pbc.gov.cn/，第31页。

② 王国刚：《人民币国际化的冷思考》，《国际金融研究》2014年第4期。

使用有着比较明显的期限限制①。因此，央行的双边货币互换依然无法在根本上解决特里芬难题。

通过人民币离岸市场推动人民币国际化则是本章后面将重点探讨的主题。就目前的情况看，在中国经济增速放缓和人民币升值预期逐渐消散的背景下，这一路径也面临着相当大的争议，需要对其具体方向做更进一步的探索。

第三节 作为人民币国际化基本路径的人民币离岸市场

一 人民币离岸市场的概念与功能

离岸金融市场，是指主要为非居民提供境外货币借贷或投资、贸易结算、外汇黄金买卖、保险服务及证券交易等金融业务和服务的一种国际金融市场，其市场交易以非居民为主，基本不受所在国法规和税制限制。总体上，离岸金融市场可以理解为采取与国内金融市场隔离的形态，使非居民在筹集资金和运用资金方面不受所在国税收和外汇管制及国内金融法规影响，可进行自由交易的金融市场。较之传统的在岸金融市场，离岸金融市场具有显著的特征：第一，市场范围广阔、规模巨大、资金实力雄厚；第二，市场上的借贷关系为非居民借贷双方之间的关系；第三，市场基本上不受所在国政府当局金融法规的管辖和外汇管制的约束；第四，市场具有相对独立的利率系统②。

从历史上看，离岸金融市场是规避货币发行国与市场所在

---

① 王国刚：《人民币国际化的冷思考》，《国际金融研究》2014年第4期。

② 李真：《人民币国际化语境下的离岸金融：战略定位与监管范径》，《云南大学学报》（法学版）2015年第2期。

国金融管制的产物,但是它逐渐成为市场所在国发展金融体系和获得收入的一种重要手段。通过为特定外国货币业务提供便利的交易场所和基础设施,离岸金融市场能够吸引那些希望规避在岸市场金融监管和税收的交易者,从而促进自身金融业的发展和经济的繁荣。值得注意的是,虽然离岸金融市场能够规避货币发行国的金融监管,但是离岸市场的便利与信心会受到交易货币发行国政策立场的影响。比如,与离岸交易相关的资金流动最终要由在岸的银行体系来清算。通过监控规范管理在岸银行中的国外金融机构所持有的清算余额,政府便可直接或间接地左右离岸金融市场的吸引力[1]。与此同时,尽管离岸金融市场削弱了货币当局实施国内政策和管理资本流动的能力,但是它也为相应货币的境外使用提供了便利,并在某些情况下支持了其在国际货币体系中的地位。因此,离岸金融市场常常能够得到货币发行国的直接或间接政策支持,甚至成为后者的主动政策选择。在这种情况下,离岸金融市场的发展也有赖于市场所在国和货币发行国之间的政策协调。

从对于离岸金融业务的监管来看,离岸金融市场主要有两种模式:

(1)内外一体型,指境内外业务融为一体,居民和非居民均可从事各种货币的存款和贷款业务的离岸金融市场模式,其资金的出入境不受限制,入境资金不需缴纳存款准备金,运用收益不需纳税。

(2)内外分离型,指由政府政策诱导、鼓励,专门为非居民交易而创设的金融市场模式,市场所在地的金融管理当局将离岸业务与国内业务分离,虽然在税收、利率和存款准备金等方面没有限制,但进入离岸市场的金融机构必须开设离岸专门

---

[1] 张贤旺:《离岸金融中心在人民币国际化过程中的角色》,《山东大学学报》(哲学社会科学版)2014年第5期。

账户。这种类型的离岸金融中心根据内外分离的程度又可分为两类：一类为绝对的内外分离型，即严格禁止资金在境内外市场间和在岸、离岸账户间流动，将境内外市场绝对隔离；另一类为内外渗透型，即以分离为基础，在岸、离岸仍然分属两个账户，但允许资金在一定的限额内相互渗透。

二　建立人民币离岸市场的动因

作为促进人民币国际化的政策措施，建设人民币离岸市场实际上是与中国"摸着石头过河"的改革策略一脉相承的。在"特区"开展试点，然后将其中成功的政策措施在其他地区加以推广，这是中国经济改革过程中的基本"试错"方式。对于中国的经济转轨这样庞大的经济工程，缺乏实践检验的经济政策所带来的风险很有可能是致命的，于是各类"特区"或"试点"就成为以渐进试错策略推进改革开放的一种重要形式。通过将改革措施限制在特定的区域内，政府可以有效地降低失败的风险，而试验区比外界更高的经济发展水平、人员素质和较为典型的经济结构也使得它很适合于担任改革的试验田角色。对于金融体系的改革而言，传统试点方法的一个问题是，由于金融交易的渗透性，在境内建立与外部金融体系隔离的"特区"非常困难，而在资本管制的前提下，境外的离岸市场则可以满足上述要求[1]。

人民币国际化的过程中，离岸金融市场与货币发行国金融体系相对隔离、交易灵活等特征则正适合于在逐步放松资本管制的同时尽量规避风险的要求，因而建立人民币离岸中心，可以为人民币体制改革提供一个实验特区。基于促进人民币国际化的目标和资本管制制度的现状，人民币离岸中心较为适合的

---

[1]　程炼：《国际货币体系变革下的人民币国际化》，《中国金融家》2012 年第 6 期。

模式为内外分离型，并且随着人民币区域化和国际化的进程，允许一定程度的资金渗透。

在我国内地金融监管体系之外建立人民币离岸中心，可以发挥三个重要作用：

（1）利用其无管制、低税率、自由交易的特性吸引投资者，培育对于人民币的非居民需求，扩大人民币的使用范围与国际影响力；

（2）对人民币交易、监管、税收等配套制度进行探索，为未来人民币自由兑换之后的制度建设打下基础；

（3）通过离岸中心与内地金融体系相对隔离的特性，避免人民币的投机性交易对内地金融体系的冲击，防范国际金融风险借人民币交易渠道进行传染。

人民币国际支付货币地位的上升得益于离岸市场的发展。离岸市场作为非居民从事本币交易的市场，是现代金融业发展中最重要的创新之一。对于货币国际化而言，离岸市场的发展一方面会扩大本币国际流通规模、拓展国际市场上本币投融资渠道，另一方面对于国内金融部门尚未完全开放的货币而言，离岸市场可以疏通本币在非居民之间以及居民与非居民之间的流通渠道，形成本币在境外的初始流动性及定价体系，支撑本币在国际市场上的流动性[1]。发展本币离岸市场，既是拥有成熟开放金融市场的国家扩大其本币国际流通使用规模与被接受程度的一种补充形式，也是本国金融市场开放度不足情况下为国际市场提供本币流动性与投融资渠道的必要途径[2]。

---

[1] 马骏：《人民币离岸市场与资本项目开放》，《金融发展评论》2012年第4期。

[2] 丁一兵：《离岸市场的发展与人民币国际化的推进》，《东北亚论坛》2016年第1期。

三 我国政策当局在人民币离岸市场建设中的角色

如前所述，离岸金融市场的发展会受到货币发行国政策的影响。对于人民币离岸市场而言，一方面，它是一个与境内分离的金融市场，另一方面，我国政策当局仍然能够并且应该在其发展过程中发挥积极的作用。在最基本的层面上，我国需要保持人民币的良好国际信誉，从而为其在离岸市场的运行提供基本的保障。除此之外，它还需要承担以下的角色。

首先，对人民币供给的控制。这一作用包括两个层面：一是在总体货币政策上进行控制，为人民币国际化创造良好的环境；二是对离岸市场的人民币供给。后者可以通过多种方式实现，包括对资本项目下人民币交易的控制，对于经常项目下人民币结算的支持，以及对于国内银行在离岸市场的分支机构的经营活动的干预。

其次，跨境人民币结算系统的建设。跨境人民币结算系统是联接离岸市场与在岸市场的资金渠道，它对于保证人民币资金在两者之间的良好循环具有重要的作用。因此，我国政策当局需要加强跨境人民币结算系统，从而强化人民币离岸市场与境内金融体系的有机联系，并为前者提供资金支持。

再次，为离岸市场的人民币支付结算系统提供必要的流动性支持。本地人民币支付结算系统的建设与运营是市场所在地政策当局的任务，在其中，为了保证这一支付系统的有效运行，政策当局需要为支付系统的使用者提供临时性的流动性支持。在特定情形下，离岸市场货币当局可能会出现缺乏足够人民币资金的情况，这时我国货币当局可以通过货币互换或其他方式为其提供人民币资金。

最后，对参与人民币离岸市场业务的我国企业与金融机构的政策支持。为了培育人民币离岸市场，鼓励我国企业与金融机构积极参与离岸市场业务，促进人民币国际化，我国政策当局应该为相关的离岸业务提供政策便利和支持。

四 人民币离岸市场的相关争议

尽管人民币离岸市场的建设已经成为我国国际金融政策的一个重要组成部分，但是对此仍然存在着一定的争议，它们集中在以下几个方面。

（一）人民币离岸市场的合理性与合法性

虽然这一观点很少出现在正式文献中，但是有学者在合理性/合法性上对于建设人民币离岸市场的政策提出了质疑。这一观念的基础在于，离岸市场本身是相对于金融监管法域而产生的概念，是对金融监管的规避。从客观的角度而言，离岸市场的产生是由于金融监管当局的权限受制于边境而不得已产生的现象，有其成因，但是这并不表示它的存在是合理与合法的，而金融监管当局更不能够纵容甚至鼓励离岸市场的出现。从这个角度来看，建设人民币离岸市场的提法本身就是不合理的。

上述观点显然不符合在人民币离岸市场政策上的"实用主义"原则，但是确实有其逻辑上的一致性。至少它对于人民币离岸市场的相关政策的正式阐述和相关条件提出了更为审慎的要求。与此同时，这一观点也延伸到了人民币离岸市场的具体政策操作上，如境外人民币的"回流"问题。根据这一观点，既然离岸市场的人民币属于"法外"状态，其功能发挥也应该以这一状态为前提，而不能追求之后的"合法化"，因此，境外人民币回流实际上是一个伪命题。

（二）对"贸易结算＋离岸市场"人民币国际化路径的质疑

另一种质疑则针对的是人民币离岸市场策略的前提，即"贸易结算＋离岸市场"的人民币国际化路径的可行性。如殷剑峰通过对日元国际化的分析认为，"贸易结算＋离岸市场"的日元国际化模式是失败的，离岸市场是货币国际化发展的结果而不是对其起决定作用的因素，在本国货币国际化的过程中尤其是初始阶段，它不可能发挥重要的作用。在现阶段，人民币离岸市场对于境内金融体系的影响也更多地在于资本项目开放的压力，而没有能够推动金融体系的进一步改革。他因而建议采取"资本输出+跨国企业"模式推进人民币国际化进程①。

也有学者指出不应过分夸大离岸市场对于人民币国际化的贡献。他们认为，离岸市场提供了实验货币全球化使用的初始平台，同时，人民币在海外的接受程度最终不仅取决于国内外的经济实力，也有赖于地缘政治因素。由于离岸人民币市场规模比较小，它不足以直接影响中国金融自由化政策的变革进度。一个组织有序的离岸人民币市场将是人民币国际化政策不可或缺的一环，但它不可能将人民币的全球地位抬高至超越合乎其经济和政治特质的水平②。

(三) 人民币离岸市场发展的真实动力

尽管离岸人民币业务获得了极大发展，但是对于这一增长背后的真实动力是人民币可接受性的提高则不无质疑。有许多学者认为，中国香港、中国台湾等人民币离岸市场业务的发展实际上是由于人民币升值预期和离岸市场与在岸市场之间的人民币利差所推动的套利活动的结果③。这一现状也反映在人民币离岸市场产品结构的失衡上，即产品以人民币存款为主，点心债券等发行和持有量都相对不足。

由于人民币离岸市场发展的基本面动力不足，使得其增长缺乏稳定性和可持续性，一旦人民币升值预期和两岸利差消失，

---

① 殷剑峰：《人民币国际化："贸易结算+离岸市场"，还是"资本输出+跨国企业"？——以日元国际化的教训为例》，《国际经济评论》2011年第4期。

② 张贤旺：《离岸金融中心在人民币国际化过程中的角色》，《山东大学学报》（哲学社会科学版）2014年第5期。

③ 何帆、张斌、张明、徐奇渊、郑联盛：《香港离岸人民币金融市场的现状、前景、问题与风险》，《国际经济评论》2011年第3期。

其发展很容易陷入停滞。市场参与主体的行为也发生扭曲，揣摩内地货币当局意图远比判断未来中长期内的市场供求基本面更重要。在这种情况下，很难想象人民币离岸市场能够获得健康发展，并对推动人民币国际化起到积极作用。

（四）人民币离岸市场对境内货币政策的冲击

人民币离岸市场的迅速发展引发了对于它是否会影响我国货币政策有效性的担忧。有学者认为离岸市场发展带来人民币外流，使得货币供给量难以合理与准确地统计，使我国货币政策的中介目标难以选择[1]。如马骏认为随着中国香港的离岸市场的人民币贷款更加活跃，货币乘数将会上升，创造能力提高，而人民币离岸市场发展是否会影响境内的货币供应量，取决于离岸人民币回流是否会替代其他流动性的产生[2]。还有研究认为人民币跨境流动影响利率调控的有效性，开辟新的"热钱"渠道，加大货币政策操作的复杂性[3]。

在更一般的层面上，有学者认为，离岸市场存款规模的增长并不会对本国货币供应产生显著的直接影响，但确实会削弱货币调控目标的有效性并导致货币流动速度的意外波动，不过实证结果表明离岸市场对货币政策的上述影响是有限且可控的[4]。进一步的研究发现，对我国货币供应量产生影响的是从境内流入离岸人民币市场并存放于境内银行体系的"基础货币"，而这些"基础货币"在境外派生出的人民币存款不

---

[1] 裴平、张谊浩：《人民币外溢及其经济效应》，《国际金融研究》2005年第9期。

[2] 马骏：《人民币离岸市场发展对境内货币和金融的影响》，《国际融资》2011年第5期。

[3] 国家外汇管理局四川省分局课题组：《香港人民币离岸市场对境内货币政策的影响研究》，《西南金融》2014年第3期。

[4] 伍戈、杨凝：《离岸市场发展对本国货币政策的影响：一个综述》，《金融研究》2013年第10期。

进入境内货币统计体系，不会对境内货币供应量产生影响。因此，不需要过度担忧离岸人民币市场的存款创造对我国货币政策的影响①。

（五）人民币离岸市场的监管体制

目前，我国境内对离岸人民币的监管，形成了中国人民银行、国家外汇管理局、商务部多头监管的局面，造成无法直接根据暂行办法来处理离岸人民币的外债问题。而中国香港对离岸人民币债券的监管实行"混业经营，分业监管"的模式。由于中国香港金融业混业经营发展异常迅猛，中国香港金管局和证券及期货事务监察委员会在进行分业监管的同时，对银行业的证券业务监管出现了监管断层。中国香港证券及期货事务监察委员会对中介人的监管并不包括日常与前线监管，因此，对银行销售员工的行为操守监管出现了"灰色"地带，这就不可避免地导致"监管真空"的存在②。由于人民币离岸市场的监管缺失，在人民币离岸市场中存在跨境洗钱、转移非法资产等问题。离岸金融市场可能因其宽松的金融规则、自由的公司法和严格的公司保密法等而为洗钱等非法活动提供掩蔽。这些问题不仅有损国家利益，也降低了境外投资者对人民币的兴趣，同样不利于国内外金融市场的协调，最终影响人民币离岸市场的发展③。

（六）人民币离岸市场带来的系统性风险

相对于离岸市场对于内地货币政策的影响，另一些观点更关注其给内地金融体系带来的风险。离岸金融市场的一个主要特点是将货币风险从货币发行国的金融风险中剥离，从而将货

---

① 伍戈、杨凝：《人民币跨境流动与离岸市场货币创造：兼议对我国货币政策的影响》，《比较》2015年第4期。

② 王丽春：《香港人民币离岸市场发展研究》，《经济论坛》2015年第4期。

③ 唐清萍：《新形势下香港人民币离岸市场的发展路径探析》，《中国商论》2015年第4期。

币风险与离岸市场所在的国家风险相结合。从政策当局的视角出发，人民币离岸市场的主要风险在于其中行为主体利益取向与政策目标之间的冲突。对于境外市场机构，参与人民币国际化业务在于寻找短期投资机会和增加具体业务；对于境内政策当局，人民币国际化则更多的是一个战略层面的宏观问题。境内和境外对人民币的认知并没有完全匹配，短期收益与长期战略之间不可避免地会出现冲突[①]。在两者的目标一致时，离岸市场能够成为贯彻政策意图的有效工具。然而当两者不一致甚至发生矛盾时（如政策当局希望抑制人民币贬值预期导致的美元资产外流，而境外金融机构则希望通过外流的美元资金牟利），离岸市场的存在就成了境内金融与经济稳定的威胁，而原来为了促进离岸市场发展提供的政策便利更放大了这种风险。在这种情况下，政策当局对跨境资金流动进行控制及对离岸市场进行适度干预的能力就非常重要。

第四节 人民币国际化的金融基础设施支持

在人民币国际化进程中，金融基础设施建设是重要的一环。金融基础设施是指金融运行的硬件设施和制度安排，主要包括支付体系、法律环境、公司治理、会计准则、信用环境、反洗钱以及由金融监管、中央银行最后贷款人职能、投资者保护制度组成的金融安全网等。对于人民币国际化而言，其中最为重要的金融基础设施就是人民币支付清算系统。支付清算系统指的是基于特定机构、工具、人员、规则、程序、标准和技术，通过货币价值的转移来实现金融交易的系统，它是金融交易进

---

① 肖立晟：《香港人民币国际化调研报告》，《开发性金融研究》2015年第6期。

行的前提，因此也是金融市场最为重要的基础设施之一。对于在境外使用的人民币而言，支付清算系统的质量不仅极大地影响着其中的交易效率，而且影响着其与我国之间的资金联系，从而在相当程度上决定了人民币的竞争力[1]。

一 人民币跨境支付与离岸支付的现状

对于国际化的人民币而言，完整的支付系统包括三个部分：国内支付清算系统、跨境支付清算系统和离岸支付清算系统。目前人民币国内支付清算系统已经形成了一个较为完整的体系，能够有效地满足经济与金融交易的需求，人民币跨境与离岸支付清算系统则正在建设与完善的过程之中。

当前我国跨境人民币结算模式主要有代理行模式、清算行模式以及 NRA 账户模式。代理行清算模式指的是具备国际结算能力的境内银行与境外银行签署人民币代理结算协议，为其开立人民币同业往来账户，通过境内银行代理并借助境内人民银行支付清算系统完成人民币的跨境支付。清算行模式指的是中国人民银行指定某家银行成为人民银行跨行支付系统的直接参与者，与境内银行传递清算信息，进行跨境人民币资金的清算与结算。NRA 账户模式指的是经人民银行当地分支行核准，境外企业在境内银行开立非居民银行结算账户，并直接通过境内银行行内清算系统和人民银行跨行支付系统完成人民币资金的跨境清算与结算[2]。

从现实情况来看，人民币离岸市场最常见的人民币结算模式还是代理行模式和清算行模式。其中代理行模式相对普遍，

---

[1] 程炼：《人民币离岸市场与人民币国际化——基于支付清算系统的视角》，《新金融评论》2017 年第 5 期。

[2] 王雪、陈平：《人民币跨境结算模式的比较与选择》，《上海金融》2013 年第 9 期。

但其无法进行净额结算，因此流动性效率较低。清算行模式则避免了这一问题，从而大大提高了交易者的资金效率，降低了其风险水平，设置清算行也因此成为我国支持离岸人民币市场发展的重要措施。2003年12月24日，中银香港成为香港地区首家人民币业务的清算行，并于2004年2月25日开始为开办个人人民币业务的香港地区持牌银行提供存款、兑换、汇款和人民币银行卡等清算服务。2004年8月，经国务院批准，中国人民银行决定为在澳门办理个人人民币存款、兑换、银行卡和汇款业务的有关银行提供清算安排。继港澳台地区之后，中国人民银行先后在新加坡、伦敦、法兰克福、首尔、巴黎、卢森堡、多哈、多伦多、悉尼等地确定一家中资银行作为境外人民币业务清算行，在当地开展人民币清算安排。不过在清算行模式下，授权特定商业银行为"唯一清算行"导致了金融市场的垄断问题，也使得清算业务的经营风险高度集中。通过人民币跨境支付系统（CIPS）的建设，上述问题将逐步得到改善。

随着跨境人民币业务各项政策相继出台，人民币跨境支付结算需求迅速增长，对金融基础设施的要求越来越高。为满足人民币跨境使用的需求，进一步整合现有人民币跨境支付结算渠道和资源，提高人民币跨境支付结算效率，2012年年初，中国人民银行决定组织建设人民币跨境支付系统（Cross-Border Interbank Payment System，CIPS），满足全球各主要时区人民币业务发展的需要。2015年10月8日，CIPS（一期）成功上线运行。2018年5月，CIPS（二期）上线，引入了定时净额结算机制，系统运行时间由原来的5×12小时延长至5×24小时+4小时，全面覆盖了全球各时区的金融市场，支持当日结算。CIPS为银行间货币市场加开夜盘，满足了境内外直接参与者夜间流动性调剂需要。除付款交割结算（DVP），CIPS还开通了人民币对外币同步交收（PVP）、中央对手集中清算等资金结算模式。截至2018年年末，CIPS共有31家直接参与者、818家间接参与者，参与者覆盖全球六大洲 89 个国家和地区，业务实际覆盖全球 161 个国家和地区，2659 家法人金融机构。截至 2018 年年末，CIPS 已累计处理人民币跨境支付业务超过 342 万笔、金额 45.84 万亿元①。作为重要的金融基础设施，CIPS 符合《金融市场基础设施原则》等国际监管要求，对促进人民币国际化进程将起到重要支撑作用。

二 人民币跨境与离岸支付系统存在的问题

从目前情况看，人民币跨境支付系统已经基本能够满足人民币离岸业务开展的需要，但也仍然存在一些问题，主要体现在跨境人民币支付的效率制约和离岸人民币外汇交易的风险控制方面②。

在人民币的跨境结算方面，中国香港支付系统与内地支付结算系统有时仍然存在报文不兼容问题，同时跨境人民币支付系统的信息披露要求给离岸金融机构带来了很大困扰。一方面，某些离岸金融机构不希望在支付过程中披露自己的商业隐私；另一方面，这种信息披露要求也带来了某些技术上的困难，因为它可能要求在支付指令中包含汉字信息，后者有时会带来兼容性问题。内地金融机构的支付机构代码经常成为跨境人民币支付的障碍，许多国内金融机构或企业对此缺乏相关知识，导致境外金融机构进行支付时难以及时获得准确的支付路径信息。CIPS 的建成有助于部分解决这一问题，但是如果并非所有银行都接入 CIPS，那么支付中的信息需求不确定性仍然存在，并且会构成离岸人民币业务的交易成本。

---

① 中国人民银行：《2019 年人民币国际化报告》，中国人民银行网站，http://www.pbc.gov.cn/，2019 年 6 月，第 3 页。
② 程炼：《人民币离岸市场与人民币国际化——基于支付清算系统的视角》，《新金融评论》2017 年第 5 期。

在离岸人民币支付系统方面，大部分境外金融机构认为，目前中国香港等国际金融中心内部人民币交易的成本几乎与其他货币无异。换句话说，交易系统效率没有构成中国香港内部的人民币业务的障碍。但是在国际金融业务中，人民币支付的货币成本与其他交易费用仍然要明显高于美元等主要国际货币，人民币不属于 CLS 结算货币从而无法进行多边净额结算则是导致上述支付结算成本的重要因素。以中国香港为例，尽管中国香港金管局、中国香港银行同业结算有限公司为若干币种提供 PvP 结算服务，然而人民币 CHATS 方案在为大部分人民币外汇市场缓解结算相关风险方面的作用有限。首先，它只涵盖有限的几种货币（美元、欧元和港元）。其次，只有拥有相应币种 CHATS 权限的机构可以获得它的服务。在 CHATS 系统中拥有欧元或美元账户的机构也可能面临账户流动性不足的问题，因其资金可能分别存在美联储或欧洲央行，或存在有关的往账银行。在这种情况下，中国香港金管局 CHATS PvP 的使用量很不理想，不足人民币 CHATS 系统中人民币日处理量的 5%。当通过离岸清算行或人民币 CHATS 系统进行全额结算时，由于净额结算的缺失导致流动性需求很大，常常需要人工介入以管理收付资金的释放以及为双边金融结算的交易寻找资金。

在外汇市场交易中，大部分银行就对手方设置了支付限额以控制支付风险。由于这些现有的结算相关风险缓解机制不够充分，约 90% 的人民币交易因结算方式暴露在本金风险中，对手方风险限额因而受限。已经有很多海外金融机构反映，由于对手方限额已用尽，从而限制了金融机构与其现有对手方的交易及其增加其他对手方的能力。在国际外汇市场上，人民币能否被纳入 CLS 结算系统以实现多边净额结算是许多金融机构在作出是否介入人民币业务决策时的考虑之一。国际清算银行也指出，未纳入 CLS 交易货币成为人民币国际化的重要障碍①。

三 人民币跨境支付系统的未来建设方向

作为特定历史时期的产物，代理行与清算行模式作为人民币跨境结算的主要方式，为人民币国际化发挥了巨大作用。在未来相当长的一段时间内，现有的代理行与清算行模式将会与 CIPS 系统同时发挥作用，不过从更长的视角来看，CIPS 将会成为人民币跨境支付结算的主导系统。相应地，人民币清算行如何在新的条件下调整自身的职能定位，更好地发挥在离岸人民币业务上的推动作用，则需要认真加以规划。

在未来，人民币离岸市场的发展动力和模式都可能会发生重要的改变。在我国经济增长模式步入"新常态"的同时，人民币离岸市场的发展也在趋于"正常化"：人们接受和持有人民币的动机不再是汇率升值预期与套利，而是更为基础性的贸易或金融交易需求。在原来的高额附加收益消失之后，人民币在与其他货币的竞争中将更多地依赖于它在国际金融体系中的地位和作为交易媒介的效率②。从离岸人民币市场的长期发展和人民币国际化的根本目标来看，我们需要将其发展动力建立在对人民币的"真实"需求之上，实现人民币业务从负债端向资产端的转换，这就要求有充足的人民币金融资产来加以支撑。在这一背景下，人民币交易效率，尤其是支付清算系统效率的重要性会更加凸显出来。

在新的发展阶段，包括支付清算系统在内的金融市场基础设施对于人民币国际化具有至关重要的作用。现代意义上的国

---

① BIS, 2016, BIS Quarterly Review December 2016 – International Banking and Financial Market Developments, BIS Report.

② 程炼：《人民币离岸市场与人民币国际化——基于支付清算系统的视角》，《新金融评论》2017 年第 5 期。

际货币竞争，已经越来越成为相关货币定值的金融资产和其所依托的支付系统之间的竞争。因此，提升人民币支付系统的效率和可靠性，对于人民币国际化有着更为深远的意义。在此方面，除了加强以 CIPS 为代表的跨境人民币支付系统建设之外，还有许多重要的工作有待开展和完善，其中之一就是人民币支付系统与其他金融证券登记结算系统的一体化。为非居民投资者提供持有多样化人民币金融资产的计划将会极大地提升人民币的国际竞争力，而与人民币支付系统一体化的证券登记结算系统则能够为此提供巨大的便利并产生协同效应。事实上，人民币贸易结算系统在初期的成功有很大部分应归功于中国香港高效的证券交易与结算系统，它大大降低了人民币证券的交易风险。一体化的人民币证券结算系统有助于将投资者锁定在人民币支付系统内，从而增加人民币使用者的黏性[①]。

第五节　人民币国际化的未来发展

　　自启航以来，人民币国际化既经历了高速发展的时期，也遭遇过波折。就近几年的人民币国际化，尤其是人民币离岸市场发展而言，2015 年的"8·11"汇改构成了一个重要的转折点。在此之前的汇率升值驱动时期，中国香港等离岸市场的银行主要着重人民币负债（存款）业务，因为其利润较高且不要求对于人民币业务的深入了解，但其负面效应则是阻碍了金融机构对于其他更深层次人民币业务的关注和资源投入。"8·11"汇改之后人民币汇率变动趋势的改变使得这种套利模式失去了基础，与此同时，相关的政策变动也给离岸市场参与者的预期造成了巨大冲击。尽管从政策当局的角度来看，此次人民币汇

---

① 程炼：《人民币跨境与离岸支付系统的现状与问题》，《银行家》2017 年第 10 期。

率形成机制的改革是为了赋予人民币汇率更大的灵活性，从而更好地促进金融体系的开放，但在当时特殊的市场环境下，此次改革带来的人民币汇率贬值则引发了离岸市场投资者的疑虑，导致离岸人民币市场业务出现了较大幅度的收缩，人民币存款规模显著下降。

不过尽管存在着上述波折，在长期上，投资者仍然对于人民币国际化抱有信心，其中的一个证据就是汇改之后人民币离岸市场业务存量的下降规模低于市场人士的预期。根据对离岸金融机构的调研情况来看，大部分机构相信人民币国际化将会是长期趋势。根据 SWIFT 数据，截至 2018 年年末，人民币为全球第五大支付货币，占全球所有货币支付金额比重为 2.07%，排名仅次于美元、欧元、英镑及日元。根据 IMF COFER 数据，截至 2018 年第四季度末，人民币储备规模达 2027.9 亿美元，占标明币种构成外汇储备总额的 1.89%，排名超过澳大利亚元的 1.62% 和加拿大元的 1.84%，居第 6 位，这是 IMF 自 2016 年开始公布人民币储备资产以来的最高水平。据不完全统计，目前全球已有 60 多个央行或货币当局将人民币纳入外汇储备①。

在未来，人民币国际化的主要动力是"一带一路"倡议和我国金融市场进一步双向开放带来的人民币业务。随着"一带一路"倡议获得越来越积极的响应，相关贸易和投资的增长会带动参与国家对人民币更多的关注和使用。与此同时，中国金融市场双向开放的广度和深度进一步拓展，"沪深港通""债券通"等投资国内金融市场渠道不断完善、粤港澳大湾区金融市场互联互通的有序推进，以及中国债券纳入全球重要指数等，也都为人民币成为主要国际投融资货币提供了坚实的基础。而更深入地参与国际金融合作机制，降低人民币业务的交易成本，

---

① 中国人民银行：《2019 年人民币国际化报告》，中国人民银行网站，http://www.pbc.gov.cn/，2019 年 6 月，第 21 页。

提高中国金融体系的国际信誉，则会极大地帮助我们充分地利用这一新的发展机遇。

与此同时，经过人民币离岸市场发展的曲折之后，我们也更为清晰地认识到了推进人民币国际化所需要付出的成本。它不仅仅是物理基础设施的建设和相关的资金投入，更在于金融政策视角的转换。在人民币成为国际货币之后，纯粹意义上的国内金融政策几乎将不复存在，在作出任何相关决策时，我们都必须考虑到它对于国际市场的影响及后者的反应。在某种意义上，这种约束才是人民币国际化的真正成本。而要将这一成本最小化，我们需要有更为高效的支付结算系统作为货币政策传导工具，并通过提高政策透明度和加强国际合作来更好地协调与国际金融市场的关系。

第五章　新中国金融监管与风险管理发展创新

第一节　金融监管与风险管理的重要意义

中华人民共和国成立以来，我国金融体系经过70年的改革和发展，已基本形成了与社会主义市场经济发展相适应的金融体制和监管框架，奠定了现代金融基础。金融机构、金融市场、金融产品、融资结构多样化取得重要进展，为服务和支持实体经济作出重要贡献。金融宏观调控体系、金融风险管理与监管体制框架、理论思想和技术手段也不断完善和丰富，为我国现代金融体系平稳运行和健康发展提供了坚实保障。

金融管理和调控体系方面，中国人民银行从改革开放前统揽一切金融业务的"大一统"的金融机构，转变为专门行使制定和实施货币政策、维护金融稳定和负责宏观调控职能的中央银行。伴随着金融市场体系的建立、完善和金融产品的日趋多样化，央行货币政策的操作手段逐渐由过去的贷款规模直接控制为主，转变为运用多种货币政策工具进行综合调控，相对完善的金融间接调控机制已基本确立。同时，国家外汇管理局的设立，极大地推动了我国外汇管理体制的改革进程。在金融监管体制和金融风险管理技术手段方面，从改革开放前计划经济体制和"大一统"金融体制发展为当前以国务院金融稳定发展委员会领导和协调，中国人民银行、银保监会和证监会组成的"一行两会"的"统分结合"的监管格局。这种统一协调又分业监管的框架既促进了金融监管专业化水平提升，更利于维护金融稳定，防范金融风险，也避免了货币政策与监管政策在同一平台上可能存在的角色冲突问题。

2019年2月，习近平总书记在中共中央政治局集体学习会议上首次提出，"要深化对国际国内金融形势的认识，正确把握金融本质，深化金融供给侧结构性改革，平衡好稳增长和防风险的关系，精准有效处置重点领域风险，深化金融改革开放，增强金融服务实体经济能力，坚决打好防范化解包括金融风险在内的重大风险攻坚战，推动我国金融业健康发展"。至此，供给侧改革已从实体经济延伸至金融领域，以优化结构、提升效率为矢的的金融供给侧结构性改革序幕正式拉开，并有望成为下一阶段新的政策重心与主线。回顾我国金融监管和风险管理理论、政策和实践历程，总结其中成功的经验和教训，探讨当前金融监管与风险管理问题和不足，在当前金融供给侧改革中不断完善和发展，不仅具有重要理论和实践意义，也是促进金融更好地服务实体经济的必然要求。

第二节 计划经济时期的金融管理制度与思想

一 计划经济时期金融管理制度发展与实践

自中华人民共和国成立至改革开放之前，我国金融体系在大破大立中逐步形成了以指令计划为特征的"大一统"式的金融管理框架。在这一框架下，中国人民银行作为唯一的国家银行，通过各级分支行实行内部垂直化管理，运用行政力量以计划方式直接管理信贷、货币、外汇、结算等金融业务，兼具金融体系管理和金融业务经营两种职能。

一是建成中国人民银行统一领导、垂直管理的机构体系。根据《中国人民政治协商会议共同纲领》提出的金融事业应受国家严格管理的要求，1948年12月1日，中国人民银行正式组建成立，承担发行人民币、抑制通货膨胀、管理金融机构和支援经济建设的任务。这是我国社会主义金融事业的开端，标志着新中国金融体系的诞生。随后，通过合并解放区银行、没收并改组官僚资本银行、取缔外资银行的在华特权、改造私人银行与钱庄，以及建立农村信用社组织等途径，新中国金融体系初步建立起来。"一五"时期，中国人民银行进一步集中和强化了机构体系，形成由总行和分支行组成的垂直化管理体系，中国人民银行总行的直接管理得到加强。经过这一时期的机构集中和强化，中国人民银行形成金融体系管理部门和金融业务经营部门并存的组织架构。1977年11月，随着国民经济重回发展正轨，国务院发布《关于整顿和加强银行工作的几项规定》，中国人民银行分支机构在行政上实行总行与地方政府双重领导，在业务工作上恢复自上而下垂直领导，做到统一政策、统一计划、统一制度、统一资金调度、统一货币发行。

二是建立纵向型、计划性的信贷资金统一管理体制和人民币为法定货币的货币管理制度。"一五"时期，在集中统一金融管理机构体系基础上，中国人民银行逐步确立并实施了"统存统贷"的信贷管理办法。1952年9月，中国人民银行通过了《中国人民银行综合信贷计划编制办法（草案）》，规范了信贷计划编制的依据、内容、管理体系、权限划分、审批程序和检查制度等。自1953年起，各级银行开始编制信贷计划，并普遍建立了信贷计划管理机构和执行信贷计划管理制度。在"统存统贷"管理办法下，各级银行编制信贷计划，并逐级上报审批，由中国人民银行统一平衡信贷收支计划并核定计划指标，再逐级下达，形成高度集中的信贷计划管理体制。同时，中国人民银行肃清国民政府法币、金圆券、银圆券等货币，取缔金银市场，国家对金银的生产和销售实行严格的计划管理，建立起以人民币为法定货币的货币管理制度。

三是建立统一集中的现金管理体制。1950 年 3 月，中央人民政府发布《关于统一国家财政经济工作的决定》，提出"全国财政收支平衡、全国物资调拨平衡、全国现金收支平衡"的"三平"工作目标。随后，中国人民银行作为现金管理的执行机关，迅速实现统一的现金管理，将大量现金收回银行。同年，中央人民政府又陆续发布《关于实行国家机关现金管理的决定》和《中央金库条例》，逐步建立由中国人民银行管理的现金管理体系和财政金库体系。1955 年，国务院批准取消国营工业之间及国营工业和其他国营企业之间的商业信用，代之以银行结算。至此，国营商业系统内部的大部分商品调拨和国营工业中部分购销收付都已通过银行办理托收承付结算，强化资金管理的集中统一。

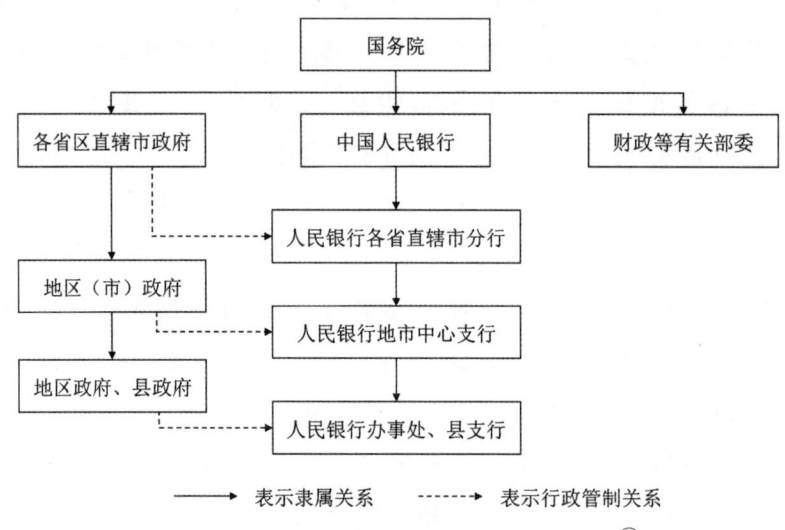

图 5-1 1978 年以前的新中国金融管理模式[①]

在计划经济的特定环境下，"大一统"的金融体制有利于统

---

① 王忠生：《我国金融监管制度变迁研究》，博士学位论文，湖南大学，2008 年，第 55 页。

一指挥、政策贯彻和全局控制。在"一五"计划期间和20世纪60年代初的三年经济调整时期，这种金融体制明显地表现出自己的效率和优点。然而，随着经济社会不断发展，高度集中的计划经济模式与社会生产力发展的要求不相适应，不能使社会主义制度的优越性得到应有的发挥。1978年以前新中国金融管理模式结构参见图5-1。

二 金融管理制度理论和思想动因

计划经济时期"大一统"的金融体制是高度集中的内部封闭管理体制。这一时期，金融管理制度之所以呈现"大一统"的局面既是苏联经济理论和模式的影响结果，也是当时经济社会环境的必然选择。

苏联的单一银行制度形成于20世纪30年代初，其特点是银行数量少、规模大。国家银行既是国家金融管理机构，又是包揽绝大多数银行业务的经营单位。在这种银行体制下，金融业务高度集中，国家禁止商业信用等直接融资形式，同时，银行内部实行计划管理，通过编制和执行信贷计划与现金计划集中管理。"苏联金融理论"主张采取财政预算无赤字、货币流通有计划、信贷规模有限制等措施以稳定货币币值，强调银行的社会性质，将银行视为服务于整个国民经济和代表全国利益的社会性管理机构，因而，在经济活动中起到全方位的监督作用。中华人民共和国成立初期，中国共产党领导社会主义建设的经验不多，经济管理诸多方面照搬苏联的计划经济体制，金融领域形成高度集中的管理体制。

中华人民共和国成立初期，中国共产党从维护政权稳定高度，提出了"金融要致力于巩固新生的政权"思想[1]。这一思

---

[1] 温美平：《中国共产党金融思想研究》，复旦大学出版社2012年版，第65页。

想突出强调金融的阶级属性，客观要求金融管理工作要优先服务政治目标，即迅速恢复国民经济，巩固政权基础，抑制通胀，稳定物价。为此，在"一五"计划的执行过程中，中央创造性地提出了解决通货膨胀的"综合平衡"理论，强调和重视在发展经济的过程中保持财政收支平衡、信贷收支平衡、物资供需平衡、外汇收支平衡。在这一思想和理论指导下，资金配置上整体呈现强财政、弱金融的格局，城乡居民难有储蓄，财政性存款成为银行放贷资金的主要来源，社会大型项目投资、企业资本金等均为财政拨款。银行不具备资金配置功能，只是财政的资金调拨部门。

在马列主义相关经济和金融理论指导下，基于中华人民共和国成立初期经济建设和社会发展需要，借鉴苏联模式，我国逐步在旧的金融体系之上建立起社会主义金融体系的"大一统"基本框架。在这一框架下，中国人民银行兼顾管理和经营两种职能，实行统存统贷，金融活动高度集中。这一时期的金融管理体制和管理思想既是特殊经济环境下的历史产物，更是集中资源办大事和建立社会主义工业化体系的必然要求。然而，随着改革开放的不断推进，"大一统"金融体制日益不能满足经济社会发展要求，突出的一点是统得过多，忽视商品和市场的作用，尤其是基层金融机构，无法发挥主动性和积极性。当发展社会主义商品经济和发挥社会主义企业活力的大政方针提上日程，"大一统"金融不足和缺陷日益凸显，金融体制改革已迫在眉睫。

第三节 改革开放启蒙与探索期（1978—1997）金融管理理论与实践

一 宏观层次上利率和信贷管制制度及理论演化发展

自1979年开始，中国金融体制改革稳步推进，"大一统"体制越来越难以适应商品经济发展的要求，行政干预资金配给严重阻碍经济运行效率提高。在这一背景下，学界围绕发挥利率杠杆作用和发挥信贷调控作用展开了大范围的讨论。

利率管制方面，各界对当时利率体制的弊端认识较为一致，针对利率水平"一刀切"和存贷款利差倒挂问题，普遍认为应该提高利率水平，但具体的规划和实施路径则见解不一，集中表现在利率水平的调整依据不同，主要分为维持物价稳定、促进经济发展和社会平均利润率三种。随着中央银行制度的建立，学界逐步展开对货币政策宏观调控的研究，利率作为资本主义中央银行重要的调控手段，在我国的市场化改革中备受关注。尽管学界曾出现反对放开利率管控的论调，一种论调认为利率调控对经济运行不起作用，另一种论调则认为利率管控放开推高利率水平会加剧企业负担，但利率市场化还是受到大多数学者支持。在具体改革路径上，利率市场化推进不能一放了之，而应有计划、有步骤地逐步实施，同步推动配套的市场、制度等建设。

信贷管制方面，学界从信贷管制的经济属性、政治功能和历史作用展开集中讨论，逐步将讨论范围扩大到统一集中的信贷管理体制弊病与改革。多数讨论都从财政、信贷、外汇和物资的综合平衡出发，认为控制信贷规模在宏观调节中起到关键作用，突出强调信贷与财政之间的独立关系与分口管理。李成瑞从信贷和财政资金性质角度，提出将有偿、短期的信贷资金当作无偿、长期的财政资金运用，就会造成生产周转中断或信用膨胀，所以必须坚持分口管理[1]。李扬指出信贷分配在市场经济中失效，且催生出寻租问题[2]。总体上，学界对于统一集中的信贷管理体制的弊病有着共同的认识，主要是资金供给制限制

---

[1] 李成瑞：《财政，信贷平衡和国民经济的综合平衡》，《经济研究》1981年第4期。

[2] 李扬：《对金融改革若干理论问题的探讨》，《金融研究》1994年第1期。

了银行经济调节作用，纵向分配制无法适应商品横向流通需要。基于此，学界提出三种改革路径：一是管理权限下放，改革为"统一计划、分级管理、存贷挂钩、相互融通"的信贷管理体制；二是完善计划控制手段，建立信贷计划和信贷资金计划双轨控制制度；三是推动市场化改革，实行信贷计划与金融市场的统一，从指令性计划向指导性计划逐步过渡。

二 行业层次上监管思想与技术发展

改革开放初期，全国金融业界和理论界对中国人民银行的职能问题展开了热烈讨论：一是主张维持现状，即中国人民银行既行使中央银行职能，又经营工商信贷和储蓄业务，同时保留部分专业银行；另一种意见是主张恢复过去中国人民银行"大一统"的体制；再有一种意见是应该专门成立中央银行，工商信贷和储蓄业务从中央银行分离出去[①]。在"必须把银行真正办成银行"的思想指导下，中国金融业按照金融本质发展金融，在金融机构的设置、金融宏观调控和金融市场的筹建等方面进行了全面改革。金融监管也从集中统一的计划性行政管理转为直接控制为主、间接控制为辅，再到行政干预和市场调节相结合的模式。

20世纪八九十年代，以中国人民银行为主的监管重心经历了四个方面的转变，即从一般行政性金融监管开始向依法监管转变、从市场准入监管开始向全过程系统化监管转变、从合规性监管开始向风险监管转变、从外部监管开始向强化金融内部控制转变。1983年9月，国务院发布了《关于中国人民银行专门行使中央银行职能的决定》，正式宣布确立中央银行制度。1986年1月，国务院发布了《中华人民共和国银行管理暂行条

---

① 温美平：《中国共产党金融思想研究》，复旦大学出版社2012年版，第209页。

例》，奠定了中国人民银行作为中央银行专门行使职能的法律基础。1993年12月，中共中央和国务院发布《关于金融体制改革的决定》，提出了要对金融体制进行全面改革，主要内容包括建立"三个体系"①和实现"两个真正"②。1995年3月，第八届全国人民代表大会第三次会议通过了《中华人民共和国中国人民银行法》，从法律上确定了中国人民银行的地位和基本职权。20世纪八九十年代金融管理模式参见图5-2。

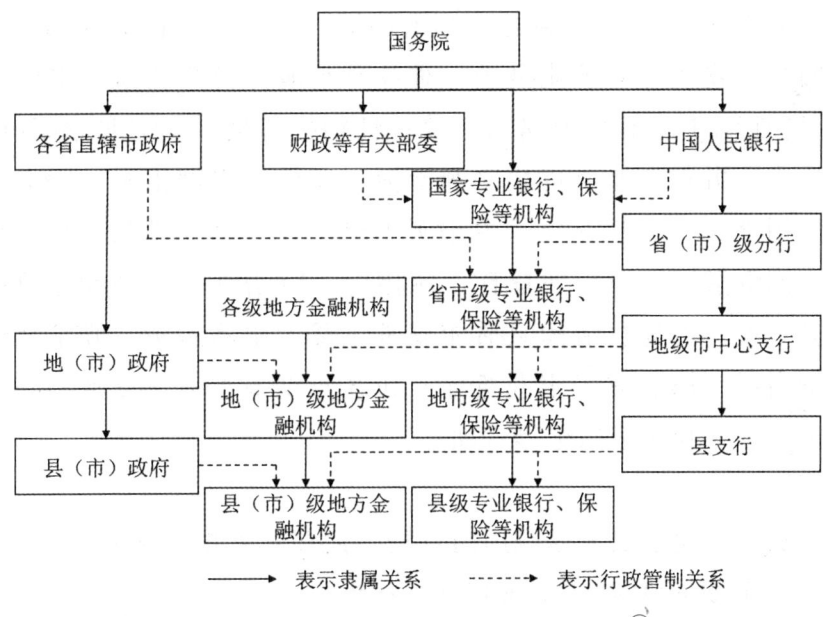

图 5-2　20世纪八九十年代金融管理模式③

---

① 即建立在国务院领导下，独立执行货币政策的中央银行宏观调控体系；建立政策性金融与商业性金融分离，以国有商业银行为主体、多种金融机构并存的金融组织体系；建立统一开放、有序竞争、严格管理的金融市场体系。

② 把中国人民银行办成真正的中央银行；把专业银行办成真正的商业银行。

③ 王忠生：《我国金融监管制度变迁研究》，博士学位论文，湖南大学，2008年，第57页。

1994年，中国人民银行发布《商业银行资产负债比例管理考核暂行办法》，提出对商业银行以法人为单位进行资产负债比例管理监控、监测暂行指标执行情况的考核。1995年，《中华人民共和国商业银行法》正式实施，在商业银行资产负债管理方面对资产充足率、存贷款余额比、流动性资产负债比、贷款余额集中度提出了审慎监管要求。1997年，中国人民银行发布《关于印发商业银行非现场监管指标报表填报说明和商业银行非现场监管报表报告书的通知》，要求各商业银行填报《商业银行非现场监管报告书》，依托中国人民银行全科目上报系统实现非现场监管数据的电子化报送，对各商业银行资产负债比例管理情况进行监控、监测和考核。监控性指标包括资本充足率指标、贷款质量指标、单个贷款比例指标、备付金比例指标、拆借资金比例指标、境外资金运用比例指标、国际商业借款指标、存贷款比例指标、中长期贷款比例指标、短期资产流动性比例指标等十项，监测性指标包括加权风险资产比例指标、股东贷款比例指标、外汇资产比例指标、利息回收率指标、资本利润率指标、资产利润率指标等六项。

三 微观层次上金融风险管理与度量技术发展实践

（一）金融风险管理体系建立和完善

改革开放初期，随着银行业等金融系统不断发展，金融风险管理的体系也逐步建立和完善，基本实现了管理制度化、组织体系化、监测数量化、考核科学化。当时，证券市场处于起步阶段，金融风险管理主要针对商业银行的信贷资产风险管理。

从金融风险管理体系看，总体上分为中国人民银行外部监督、商业银行总行内部管理和商业银行分支行管控执行三个层次。中国人民银行重点防范系统性、全局性和区域性金融风险，商业银行总行建立包括组织体系、制度体系和实施体系行内风险管理体系，商业银行分支行具体执行总行风险管理制度、承担风险管理责任，依照规章流程开展信贷业务。从金融风险管理的管理手段看，我国商业银行信贷资产风险管理基本实现行政规范管理与数量指标管理相结合的模式，风险管理机制从审批一体、单轨制约发展为审批分离、双轨制约，风险度量标准从以贷款额度大小为主发展为以贷款综合质量为主。

（二）金融风险管理技术的发展与应用

借鉴国际先进经验并结合当时的现实情况，我国商业银行将信贷客户风险、信贷方式风险与信贷形态风险相结合，发展出基于信贷风险度的风险度量与管理技术，通过对信贷方式、信贷对象、信贷形态分别进行量化，再使用加权系数计算出总体信贷风险度数值，并应用于信贷审批和信贷管理。

以企业信贷为例。首先，确定贷款的信贷方式。信贷方式包括信用贷款、保证贷款、抵押贷款等，根据《商业银行资产负债比例管理监控、监测指标和考核办法》规定，各类信贷方式指定了相应风险系数。其次，评估信贷对象的风险等级。信贷对象风险等级是根据商业银行对各类企业内部评级结果确定，并确定相应风险系数。再次，信贷资产分类。根据中国人民银行发布的《贷款通则》，银行已发放的贷款资产划分为正常贷款、逾期贷款、呆滞贷款和呆账贷款。最后，根据企业风险等级，信贷方式和信贷实际情况，综合评估每笔贷款的风险大小。

第四节　金融体制改革突破期（1998—2008）金融监管和风险管理体系形成与发展

一　金融生态思想和理论的形成、发展与实践

（一）金融生态理论产生的背景

20世纪90年代，我国处于经济转型和改革开放的双重过渡期，金融体系在经济运行中的作用愈发显著，而金融体系积累的风险也逐渐暴露。银行不良贷款率高企，信用社大幅亏损，甚至出现存款"挤提"事件。同时，人寿保险、信托投资公司等其他金融机构也存在各种风险隐患。尤其是1997年亚洲金融危机爆发，金融风险对经济的巨大破坏力引起各界对金融风险的广泛关注。

最初，各界关注的焦点集中于金融体系尤其是金融机构本身，认为金融风险主要由银行等金融机构经营不善所致。事实上，国家也采取多种方式提高金融机构经营水平，包括剥离政策性金融业务、在商业银行推行现代企业法人制度建设、发行特种国债补充银行资本金、成立四大资产管理公司清理四大行不良资产等。然而，随着研究的深入和风险化解工作的推进，人们逐渐意识到，金融机构不是独立存在的，金融机构的经营发展与社会经济的方方面面都有着紧密的联系，金融风险的产生不仅来自金融机构本身，更是社会经济运行过程中各类风险的镜像反映。对于我国经济转型发展过程中产生的特有金融问题，仅仅依靠传统的金融理论难以解决，立足我国国情和金融体系发展实际，金融生态思想和理论应运而生。

（二）金融生态理论的形成与发展

早在20世纪20年代，国外就提出生态经济学的概念，但对于金融生态，国外并无专门的研究。可以说，金融生态理论是我国金融监管当局和学术界为了研究和解决我国特有的金融问题而进行的中国特色理论创新。周小川对"金融生态"做出较为全面的总结，而且亦强调用生态学方法来考察金融发展问题[1]。徐诺金则直接用生态学概念分析金融生态系统的特征，并

---

[1] 2004年由时任央行行长周小川在经济学50人论坛发表的《完善法律制度，改进金融生态》主题讲话中进行了系统性的阐述和分析，引发了社会广泛关注和学界的研究热情。

探讨了中国当时金融生态状况①。李扬等参照生态学对生态系统的分析，根据自然生态系统的构造原理以及自然生态系统长期演化的结构特征和功能特征，把金融生态系统理解为由金融主体及其赖以存在和发展的金融生态环境共同形成的动态平衡系统，并在此基础上，建立了系统、科学和客观的中国金融生态评价体系，并第一次对中国地区金融生态环境作出定量和客观的评价和分析②。

金融生态理论引入仿生学的原理，对金融系统运行机制进行了形象的描述，为金融监管提供了全新的视角。在金融生态理论看来，政府与金融生态系统的关系类似人类与生态系统的关系，政府行为深刻影响金融生态系统的运行。政府应当从培育优良的金融生态系统入手，着力增强金融生态系统自身保持平稳运行、抵御风险的能力，同时也需建立和优化金融监管等外部调节机制，提升金融生态系统的恢复平衡能力。当然，金融生态系统的稳健运行以系统内部调节机制为基础，政府不应当过度干预，而应当根据经济和金融运行的需要，适时推动金融机构、金融监管体系、金融发展政策的优化和改革，保持金融生态系统良性运行。

金融生态理论提出和发展的时间不长，虽然研究文章众多，但研究范围宽泛，尚未建立起系统化理论体系，后续还有待进一步完善和深化。

(三) 金融生态理论的运用与实践

金融生态理论生动形象，易于理解，自提出以来迅速得到了政府和业界的广泛关注和认可。金融生态理论的一个重要运用领域就是通过优化金融生态环境，提高金融系统运行效率，

---

① 徐诺金：《论我国金融生态问题》，《金融研究》2005年第2期。
② 李扬、王国刚、刘煜辉：《中国城市金融生态环境评价》，人民出版社2005年版。

有效管理金融风险。

2005年，中国社会科学院金融研究所首次发布《中国地区金融生态环境评价报告》，对全国297个地级以上城市金融生态环境质量进行评价。报告发布后，引起各地政府的高度重视，尤其给排名靠后的城市政府和监管部门带来了一定的压力。随着金融生态理论的发展和传播，金融生态环境评价已成为招商引资的重要参考指标。这促使各地政府转变工作理念，将打造优良的金融生态作为重要的工作内容之一。各地政府亦根据当地实际，在金融生态环境建设工作中，逐步形成了一些具有地方特色的工作机制和工作模式，实现了金融和经济社会发展的良性循环和互动。

根据中国金融生态环境评估结果，我国地区金融风险及其生态环境的总体状况表现出如下特征：其一，无论是金融资产质量还是金融生态环境，东部沿海地区最好，而现阶段经济发展速度较快的中部地区整体状况最差；其二，相对于经济发展水平和市场化程度最高的东部地区而言，经济发展仍处于起飞阶段的西部落后地区金融资产质量与其差异不大。

评价结果及其态势特征向我们表明，我国地区金融风险及其生态环境并不会随着各地区经济实力的增强和市场化程度的提高而自动得到改善，或者说，即使能得到自动改善，这一内生约束机制的形成也是极其缓慢的。因此，我们有必要对金融风险及其生态环境与各地区经济增长之间的不平衡发展内在原因作出进一步的探讨和分析，以便在政策和制度上，根据各地区不同的经济发展阶段和发展特点，进行积极引导和调控。

二　金融监管理论与体系发展演进

（一）金融监管理论的发展

20世纪90年代后期，随着市场经济转型进程的深入和金融经济开放的推进，金融风险的暴露、经济金融形势的发展、金融开放条件下的金融创新等因素对我国监管体系提出了更高的要求。在此背景下，国外的前沿理论和研究成果得以大量引进，学界对金融监管方面的理论研究数量大幅增长。由于国外金融监管理论主要基于国外百年来的市场经济发展背景所形成，立足当时我国双重转型过渡期的经济金融发展实际，学界对建立适应我国实践的金融监管理论进行了广泛讨论。

宏观金融监管理论方面，各界对金融监管的必要性均比较认可，争议主要集中在监管机构的设置和监管模式的选择两大具有显著实践意义的问题。监管组织机构的设置研究集中在两个方面：一是分业监管与混业监管之争，二是监管职能是否需要分离。监管模式的选择则深入讨论了合规监管与风险监管，准入监管与全程监管，外部监管与强化内部管控，行政监管与依法监管等四大方面的问题。虽然学术见解百家争鸣，但对于金融体制改革的目标具有共识：我国采用的金融监管体制取决于金融发展的实际需要，适宜的金融监管体制能有效提高监管效率、降低监管成本，有助于保持金融稳定，实现金融自身的健康发展及与经济的良性互动。

微观金融监管理论方面，巴塞尔委员于1997年发布《有效银行监管的核心原则》，较为系统地提出了全面风险管理的理念。1999年6月在《巴塞尔协议Ⅰ》的基础上发布新协议草案，后经过两次征求意见，于2004年颁布了《统一资本计量和资本标准的国际协议修订框架》（即《巴塞尔协议Ⅱ》），建立起最低资本要求、监管部门的监督检查、市场自律三大支柱，并在原有信用风险管理的基础上，加入了市场风险、操作风险，为银行业提供了全面风险监管的完整体系，对我国的金融监管尤其是银行业的监管提供了强有力的指引。当然，从《巴塞尔协议Ⅰ》到《巴塞尔协议Ⅱ》，监管的核心仍在于微观主体的风险管理，忽视了整个金融体系宏观层面的风险。

在学习借鉴国外监管理论的同时，国内学者和监管层也立足解决国内实践问题积极进行理论创新,这一时期形成的金融生态理论,就是我国金融体制改革理论发展从实践中来、到实践中去的现实体现。基于金融生态的监管理论从金融生态的角度论证了加强金融监管的必要性,并基于生态环境治理的维度对金融监管的逻辑和内容、监管的强度和范围给出了解释。我国银监会等监管部门也根据多年监管实践提炼监管的一般规律,建立了集清晰的监管目标、科学的监管理念、完善的监管框架、强有力的持续监管于一体的中国特色监管理论体系,与监管实践不断相互促进。

(二)金融监管体系的发展演进

1997年11月,中华人民共和国成立以来首次全国金融工作会议召开。会议针对我国在经济转型发展过程中积累的风险及我国金融体系在亚洲金融危机中所暴露出的问题,集中讨论了中共中央、国务院起草的《关于深化金融改革,整顿金融秩序,防范和化解金融风险的通知》(本小节以下简称《通知》),掀开了我国新一轮金融体制改革和金融风险管理的历史性新篇章。1997年12月,中共中央、国务院联合下发《通知》,要求力争用3年左右时间大体健全与社会主义市场经济发展相适应的金融机构体系、金融市场体系和金融监管体系,提出了完善金融系统党的领导体制、改革人民银行管理体制、加快推进国有银行商业化改革、严格规范金融机构分业经营、健全现代金融监管体系等五大方面15条措施。

其后,为了加强党对金融工作的集中统一领导,中共中央金融工作委员会正式成立。1998年,中央决定将国务院证券委与证监会合并,同时,组建保监会,分离中国人民银行对证券业、保险业的监管职能。2003年,银监会组建成立,分离中国人民银行对银行业的监管职能。同年,修订1995年颁布的《中国人民银行法》,明确规定中国人民银行的职能是:"制定和执行货币政策,防范和化解金融风险,维护金融稳定。"由此,我国正式建立起"一行三会"分业监管的监管体制。2008年,中央又决定以部际联席会议的形式建立"一行三会"之间的协调机制,加强监管协调。这一体制符合当时的金融发展环境和形势,在有效防范金融风险、提升金融效率、推进金融改革开放等方面发挥了重要作用。

三 全面风险管理技术创新与发展
(一)全面风险管理理念的兴起和技术发展

20世纪90年代的金融危机和金融机构风险事件让人们开始意识到,金融风险往往是各类风险的复合系统性反应,单独关注某一类特定风险或特定业务单元难以有效地防范和控制风险,在这一背景下,全面风险管理由此兴起并成为风险管理发展的新趋势。相较于传统的单一风险管理,全面风险管理呈现出明显的复杂化、技术化、数量化特征,对技术要求高,成本昂贵。国际先进的金融机构开始自主建设全面风险管理模型,实力不足的其他金融机构则寻求购买专业风险管理公司的风险管理技术和服务。全面风险管理兴起后,各种全面风险管理模型和工具不断地被开发出来。综合来看,全面风险管理系统的内核大都基于风险价值法(Value at Risk,VaR)①、风险调整资本收益率(Risk Adjusted Return on Capital,RAROC)② 两种风险评估计量技术。

一方面,VaR是基于现代金融理论,集合统计分析和计算技术发展起来的方法,对资产或组合面临的风险提供了简单明了的度量方式,其缺陷在于未能考虑尾部风险和风险承担意愿。

---

① VaR定义为给定概率水平下,特定资产或组合在一个持有期内可能发生的最大预期损失。

② RAROC是指经预期损失和以经济资本计量的非预期损失调整后的收益率。

基于对 VaR 的完善和优化还产生了系列扩展模型如条件 VaR（Conditional Value at Risk，CVaR）等；同时在概率的基础上，将价格和偏好纳入总体考虑进行动态决策又进一步发展出全面风险管理（Total Risk Management，TRM）技术。另一方面，RAROC 的核心思想是将所承担的各类风险通过预期损失进行量化以调整当期收益，同时将承担各类风险要求的经济资本作为实际资本成本，用以考察资本的实际运用收益。RAROC 全面考虑了各种风险，其缺陷在于对风险的度量基于历史数据，对数据的数量和质量以及管理信息系统有较高要求，且与实际的风险分布可能存在偏差。

可以看到，不同于传统单纯考察收益率高低的经营管理模式，全面风险管理模型系统地考虑了金融机构在业务运营中所承担的各类风险，充分反映了风险对金融机构经营发展的综合影响。但是，这一时期的全面风险管理仅仅是对不同类别的风险单独计量再进行加总，对不同风险之间的相互作用与影响缺乏考虑，尚待提升风险管理的相容性，实现各类风险的一体化集成管理。

（二）《巴塞尔协议Ⅱ》对全面风险管理技术的引领

从《巴塞尔协议Ⅰ》（本小节以下简称《协议Ⅰ》）开始，巴塞尔委员会坚持以资本约束为主线，持续改进风险计量方法，引领银行业风险管理变革。《巴塞尔协议Ⅱ》（本小节以下简称《协议Ⅱ》）将全面风险管理系统地引入到对银行体系的监管中，其核心仍然是资本充足率监管，但在风险资本的计量上，综合考虑了信用风险、市场风险和操作风险，采用类似 RAROC 技术对经济资本的计量方式。

在各类风险度量方面，与《协议Ⅰ》适用同一计算规则不同，《协议Ⅱ》对三大风险均给出了 2—3 个可选择的度量方法，允许银行根据业务发展情况、风险管理水平等实际情况进行选择。信用风险的度量方法包括标准法、内部评级基础法和内部评级高级法，市场风险的度量包括标准法和内部模型法，操作风险的度量则包括基本法、标准法、高级法。协议鼓励银行采用更复杂、精细化程度更高的风险度量方法，实质上激励银行不断改进和提升风险管理技术，从而更精确地测量风险资产，以实现更经济的资本水平。同时，在过程管理方面，明确给出了对各类风险进行识别、计量、监测、控制的规则要求、实施流程和操作工具，也有利于银行机构能够更科学地进行全面风险管理。此外，协议为监管部门对全面风险管理的监管设定了系统性的规范标准，有助于提高金融监管的有效性。

（三）我国金融机构的全面风险管理

我国金融机构风险管理起步晚、起点低，1998 年才取消商业银行贷款限额控制，实现资产负债比例管理；2005 年《商业银行资本充足率管理办法》的出台才首次对商业银行的资本充足性管理提出可操作性的制度性要求。这一时期，商业银行风险管理组织体系尚不完善，专业风险管理人才缺乏，风险管理技术和信息储备不足，全面风险管理文化尚未形成，同时也缺乏全面风险管理的外部环境如完善的信用评级体系、丰富的金融产品市场等。包括银行在内的金融机构尚不满足建立全面风险管理体系的条件。事实上，根据银监会的要求，直到 2008 年四大国有商业银行和其他活跃银行才开始实施《巴塞尔协议Ⅱ》进行全面风险管理。在这一时期，国内金融机构大量使用国外机构开发的模型、工具和产品，尚未建立起真正的中国特色金融风险管理体系，但通过多种举措显著提升了金融机构的经营能力和风险管理水平，为后续推进全面风险管理奠定了良好的基础。我国政府层面也开始关注这一问题，通过扶持相关重大项目研究等方式推动全面风险管理技术研究。

第五节 危机后（2008年至今）我国金融监管和风险管理思想的发展与实践

一 系统性金融风险理论及系统性金融风险监管框架

（一）系统性金融风险理论研究与进展

2008年国际金融危机后，系统性风险监管逐渐成为国内外学术界及全球金融监管改革的重要关注点。事实上，系统性金融风险是一个较为广泛的概念，通常可以理解为：局部发生的风险事件在金融系统内蔓延，损害了金融中介功能，并对经济增长及社会福利造成实质性的负面影响。从系统性风险传染机制来看，大致存在三派观点：

一是功能失灵致使系统瘫痪。国际金融危机后，国际货币基金组织（IMF）、国际清算银行（BIS）及金融稳定理事会（FSB）先后研究并发布一系列有关系统性金融风险度量及宏观审慎政策框架构建的报告，提出系统性金融风险是造成金融服务中断的风险，主因是源于部分或全部金融机构受损，且对宏观经济产生了严重负面影响[1]。

二是金融关联致使风险传染。金融系统关联性通常源自银行等金融机构资本业务的紧密关系与高度同质化特征。单一风险事件很容易通过经济金融体系的内部关联结构而快速传导与扩散，并最终可能造成全面性损失[2]。也有观点认为系统性金融风险代表整个金融体系而非单个部门发生风险的可能性，且这

---

[1] IMF, BIS, FSB, "Guidance to Assess the Systemic Importance of Financial Institutions, Markets and Instruments: Initial Considerations", Work Report, 2009.

[2] Hart, O. & L. Zingales, "How to Avoid a New Financial Crisis", Working Paper, 2009.

类风险会通过大多数或全部机构之间的相互传导作用迅速扩散[1]。

三是公信受损致使恐慌蔓延。系统性风险事件引发经济价值或公众信心损失,并最终导致整个金融体系的不稳定性以致给实体经济造成严重负面影响[2]。

(二) 系统性金融风险监管框架的演进

危机后,国际监管机构和各国监管当局对系统性风险的监管基本是从两个维度展开,一是跨行业维度,即重点关注在金融机构彼此关联且面临共同风险敞口的情况下,风险于不同机构和不同市场间的分布,进而针对有系统性重要影响的金融机构制定更严格的监管标准、扩大监管的覆盖范围等;二是时间维度,重点关注系统性风险如何随着时间的变化而演进,即金融体系的顺周期性规律。其中,针对系统性风险的监管工具主要涵盖:(1) 逆周期监管政策。一方面,修订新资本协议、国际会计准则等,减小外部规则的顺周期性;另一方面,实行逆周期的资本、拨备、杠杆率等监管标准,通过在金融体系中设置"内在稳定器",以达到释放系统性风险之目的。(2) 加强对系统性重要金融机构的监管。2009 年,国际货币基金组织、国际清算银行和金融稳定理事会共同制定并发布了《系统重要性金融机构、市场和工具的评估指引》,分别从规模大小、替代性、关联性三个方面评估金融机构等的系统重要性。(3) 拓展金融监管范围至所有重要的金融市场、金融产品、金融机构。除了对商业银行、投资银行等传统金融机构的监管外,也逐步

---

[1] Bijlsma, M., J. Klomp and S. Duineveld, "Systemic Risk in the Financial Sector: A Review and Synthesis", CPB Document, CPB Netherlands Bureau for Economic Policy Analysis, No. 210, 2010.

[2] Group of Ten, "Report on Consolidation in the Financial Sector", Work Report, 2001.

纳入对冲基金、影子银行等非传统机构、CDS等衍生产品、场外市场、支付清算体系等。

国内，随着我国金融机构日益壮大，部分规模庞大、复杂度较高的金融机构因与其他金融机构关联度高而居于金融体系的核心地位，对我国金融体系整体稳定性及服务实体经济能力有着重要影响。2012年，银监会发布《商业银行资本管理办法（试行）》，明确提出了对国内系统重要性银行的监管要求，但没有明确规定系统重要性银行的认定标准。2014年1月，银监会进一步发布了《商业银行全球系统重要性评估指标披露指引》，要求表内外资产余额1.6万亿元以上或上一年度被认定为国际系统重要性商业银行从2014年起披露全球系统重要性银行评估指标。2016年起，中国人民银行将已有的差别准备金动态调整与合意贷款管理机制升级为宏观审慎评估体系（Macro Prudential Assessment，MPA），以此加强对系统重要性金融机构的监管。这里，MPA涵盖了资本和杠杆情况、资产负债情况、流动性、定价行为、资产质量、跨境融资风险和信贷政策执行等7个方面的相关指标，利用这些指标评估不同银行的表现情况并对其进行分档，以判断各个银行的经营情况与稳健性特征。2018年11月，央行、银保监会、证监会联合发布《关于完善系统重要性金融机构监管的指导意见》，针对系统重要性金融机构进一步补充完善金融监管体系，并重点突出了宏观审慎管理与微观审慎监管相结合的监管理念，强调了国务院金融稳定发展委员会在金融管理及实务上的综合协调力。

二 流动性风险监管与管理

（一）危机后全球流动性风险监管框架的产生与发展

2007年，美国次贷危机爆发产生席卷全球的多米诺骨牌效应，金融市场流动性迅速消失导致众多商业银行破产倒闭，暴露出银行业监管对流动性风险识别与控制严重不足。金融危机后，世界经济格局发生了重大变化，全球金融市场一体化趋势更加明显；同时，各国金融监管当局也开始高度重视对商业银行的流动性风险管理。为此，巴塞尔委员会先后于2008年、2009年颁布了《稳健的流动性风险管理与监管原则》《流动性风险计量、标准和监测的国际框架》（征求意见稿）等一系列监管细则及措施，全球流动性监管体系粗具雏形。2010年9月，巴塞尔委员会又发布新的银行业监管改革方案《巴塞尔协议Ⅲ》，规定了新的资本监管标准，统一了可计量的国际监管准则；并且，首次将流动性风险监管提升至与资本监管同等重要的地位，分别引入了短期监管指标——LCR（Liquidity Coverage Ratio）、长期监管指标——NSFR（Net Stable Funding Ratio），使得全球流动性风险监管框架更加完备。2013年，巴塞尔委员会公布了《巴塞尔协议Ⅲ》修订稿，放宽了LCR标准的过渡期，扩大了高质量流动性资产（HOLA）范围，同时引入了四个监测指标以对流动性风险进行连续监管，包括合同期限错配、融资集中度、可用变现资产及其他重要货币计价的流动性覆盖比率，从而进一步完善了流动性风险监管框架。2017年，巴塞尔委员会发布公告称《巴塞尔协议Ⅲ》修订完成，即将于2022年正式施行。其中，修订版协议设定了内部模型法的最低测算值，对风险权重进行调整，并针对全球系统性重要性银行提出更加严格的杠杆率监管要求。

（二）我国流动性风险管理与监管框架的形成与演进

改革开放后，我国银行业体系逐渐成形，但直至20世纪90年代才开启正式对商业银行的流动性风险监管。1992年，中国人民银行声明将按照巴塞尔协议关于资产负债比例的规定对商业银行开展流动性管理。1995年，我国《商业银行法》正式颁布，以流动性比例（不低于25%）、存贷款比例（不高于75%）为衡量指标的流动性风险监管有了法律基础。2003年，人民银行发布一系列文件明确对商业银行流动性风险的监管要求，并划分了两类管理指标，分别为必须满足最低标准的指标、非必须但有参考价值的指标，从而为后续流动性风险管理提供了监管思路。其后，银监会正式成立，又先后颁布《股份制商业银行风险评级体系（暂行）》(2004)、《商业银行风险监管核心指标（试行）》(2005)，首次将流动性比例、核心负债比例作为商业银行流动性风险的衡量指标，以此奠定了流动性风险监管的地位。2007年，银监会发布《商业银行资本充足率管理办法》，进一步明确对流动性风险管理的定量监管，规定了商业银行核心资本充足率与资本充足率标准。2008年国际金融危机后，我国银行业流动性风险监管逐步从单纯的指标管理体系向层次化、差异化、系统化的完备体系演进。

2009年，针对银行业传统监管模式的不足，银监会颁布了流动性风险管理的专门准则，即《商业银行流动性风险管理指引》，要求商业银行必须有效识别、监测与计量自身流动性风险，以此初步确立了流动性风险管理的制度框架。2011年，《中国银行业实施新监管标准的指导意见》出台，分别对资本充足率监管、加强系统重要性银行有效监管等进行细化规定，由此推动了巴塞尔协议于境内银行业监管方面的落地实施。同年，我国银监会又发布了《商业银行流动性风险管理办法》（征求意见稿），并于2014年形成正式稿（试行），分别设定流动性覆盖比率、净稳定资金比例、流动性比例、存贷款比例等四个监管指标，同时将流动性缺口作为监测工具，进一步推进了我国银行业监管改革、完善了流动性风险管理体系。2015年，银监会重新审视净稳定资金比例于流动性监管方面的适用性，并结合国内银行业现实状况对其作出调整，仅纳入巴塞尔协议中流动性覆盖比率指标，且只适用于资产超过2000亿元的部分银行；同时，将存贷款比例从监管指标调整为监测指标。2018年，我国正式发布修订后的《商业银行流动性风险管理办法》，引入净稳定资金比例（适用于2000亿元以上的商业银行）、优质流动性资产充足率（适用于2000亿元以下的商业银行）、流动性匹配率等三个指标，对不同规模商业银行的中长期负债稳定性、期限错配率、资产负债匹配度进行监控，从而进一步提升了银行自身的流动性风险管理能力。

三 金融科技视角下金融监管创新与发展

传统金融监管体系与监管原则均是建立于监管技术相对稳定的基础之上而形成的最优化监管系统。2008年国际金融危机后，以互联网、大数据、人工智能、区块链为代表的科技进步与传统金融之间加速融合与渗透，有力地推进了我国金融体系的颠覆式创新与发展，并产生了大量本质上有别于商业银行、保险公司及证券交易所等传统金融机构的各类新模式，形成了包括第三方支付与网联、P2P网贷中介、股权众筹、虚拟货币与数字货币、大数据征信（信联）、互联网理财、智能投顾、互联网保险、网络小贷、现金贷等在内的全新的金融生态。与此同时，受传统金融监管与法律制度建设滞后的影响，科技驱动的金融创新大多游离于现存的法律框架与监管体系之外，甚或有意变相地逃避监管，导致监管套利频发或引发监管空白。近年来，金融科技爆发式发展与颠覆式创新带来的监管挑战与难题，不仅区别于传统金融体系，而且极易产生不可预期的重大风险。对此，党的十九大报告就重点指出要"健全金融监管体系，守住不发生系统性金融风险的底线"与"创新监管方式"两大目标，可见金融监管变革与突破迫在眉睫。

（一）金融科技视角下传统金融监管面临的风险与挑战

首先，科技驱动下新金融业态发展存在监管漏洞，金融风险关联性、传染性尤甚。近年来，随着大数据、云计算、人工智能、区块链等创新科技不断发展，以互联网金融、科技金融、类金融、准金融为代表的新概念使得全社会金融泛化现象尤为普遍。科技创新与迭代速度的加快，使得科技转化为金融产品的周期显著缩短。伴随着互联网用户持续增加及消费者接受新科技的能力与意愿不断增强，新产品、新平台、新组织、新业态及它们所引发的网络效应向社会公众跨地区、跨时间的传递扩散速度亦显著加快。尽管金融科技使得资金的投融资双方之间沟通成本大幅降低且交易效率大幅上升，但与此同时金融风险却更为隐蔽，其突发性、传染性及负外部性特征更为明显。然而，目前对金融稳定影响突出的一些重大科技型企业仍尚未全面纳入传统金融监管体系之中，致使存在重大的监管漏洞。一旦风险事件爆发，金融、科技与网络协同共振将更容易产生聚合叠加效应，使得风险传递速度更快、波及范围更广。

其次，科技进步使得传统金融监管面临的信息不对称与技术性短板进一步凸显。一方面，金融体系自身脆弱性即源自信息不对称的存在，而当今科技进步日新月异，金融科技驱动下破坏性创新的风险更为隐蔽，传统金融监管对涉及新科技的监管对象的数据筛选与识别变得更加困难。信息不对称背景下，被监管者追求利益最大化的动机更加大了其逃避监管的逆向选择性风险，使得金融市场更易出现"劣币驱逐良币"现象，诸如近年来风险频发的P2P网络借贷、现金贷等平台"跑路事件"即为例证。另一方面，科技进步导致的监管者与监管对象之间信息不对称加剧，本质上源于监管者没有及时跟进科技创新的发展步伐，缺乏有效充分的技术手段实现数据触达。尽管科技驱动的金融创新极大地提高了金融体系的交易效率，降低了交易双方信息不对称成本，但与此同时传统监管体系与监管者却因缺乏必要的监测手段与技术支撑而难以进行及时且有效的监管，因此也无法对可能的金融风险进行预警或采取有效的预防措施，新金融业态下传统金融监管的技术短板愈加凸显。

再次，传统金融监管体系下金融法律与监管制度建设相对新金融生态明显滞后。一般而言，金融创新要领先于现存的金融法规，否则也就不可能被视为创新。伴随着创新速度的加快，法律与制度建设往往很难及时跟上。而传统金融监管体系又大多是基于事后反思型立法之上，以稳定且假定最优原则为前提，对过去发生的金融风险或危机事件进行预防。考虑到现存金融监管法律与制度对风险的预见能力有限，加之新金融科技引发的创新型金融事物或关系极易突破现存的监管框架而使得原有的监管规定不再适用，因此传统监管模式下金融监管措施与体系的深层次不足与设计缺陷很容易因科技驱动下破坏性创新急速发生而迅速暴露。面对日益加快的新金融科技创新步伐，金融法制建设过于迟滞使得监管制度供给远不能满足新金融时代背景下金融监管的创新与发展需求。

最后，以传统审慎监管、行为监管为代表的监管原则或监管理念正逐渐失灵。面对科技驱动下新金融业态的快速发展，原有的审慎监管、行为监管的原则或理念已愈发难以适应。一方面，审慎监管通常以事前规定来约束金融企业，达到降低其进行高风险投机的概率，但与此同时，又很难避免因约束所导致的金融机构资金使用效率下降、运营成本提升，尤其对于科技创新驱动下的新金融生态而言，传统的审慎监管很容易使得创新被扼杀于摇篮之中。另一方面，以第三方支付机构、P2P平台、众筹平台、数字货币交易所为代表的新金融科技平台或组织的产生，使得原有的消费者与金融机构之间的关系弱化，金融投资链条的拉长也导致消费者保护更加复杂。与此同时，新金融平台或组织大多赋予消费者接受或提供金融服务的双重选择，消费行为高度复杂化使得传统的行为监管措施基本无能为力。

（二）新金融业态背景下我国金融监管创新发展与实践

一是第三方支付机构。20世纪90年代末，招商银行推出"一卡通"标志了我国第三方支付正式出现。2003年，淘宝网首次推出支付宝业务，标志着我国开启互联网第三方支付业务。2008年国际金融危机后，国内开始考虑对第三方支付实行牌照许可制，而支付宝直至2011年才正式获取中国人民银行颁发的第一张《支付业务许可证》（业内又称"支付牌照"）。2016年，十部委联合出台了《非银行支付业务风险专项整治工作实施方案》，一方面明确了非银行支付业务整治的工作目标与原则，以打击违法犯罪第三方支付机构或以第三方支付为名的诈骗机构，整顿发展十余年的支付市场杂、乱、风险大的现实状况，同时也对合法规范的第三方支付创新予以支持与法律保护；另一方面，要求建立支付机构客户备付金集中存管制度，要求支付机构将客户备付金统一缴存至人民银行或符合要求的商业银行，以加强账户资金监测、防范资金风险。另外，方案也明确了支付机构开展跨行支付业务必须经人民银行或合法清算机构许可，规定网络支付清算平台应向人民银行申请清算业务牌照，并逐步取缔支付机构与银行直接连接处理业务的模式。

二是以网络借贷为代表的新金融业态。2013年后，以P2P网络借贷为代表的互联网金融业务经历了快速的"野蛮生长"后，社会上逐渐出现越来越多的非法集资、"跑路"等恶性事件。对此，针对互联网金融的监管体系建设被提上日程，关于网络借贷集中出台了一系列监管政策与措施。2015年7月，人民银行等十部委联合发布《关于促进互联网金融健康发展的指导意见》，专门对网络借贷进行规定，明确网络借贷包括P2P网络借贷与网络小额贷款。同年12月，银监会会同工业和信息化部、公安部、国家互联网信息办公室等部门发布了《网络借贷信息中介机构业务活动管理暂行办法（征求意见稿）》，专门为规范网络借贷信息中介机构业务活动向社会公开征求意见。2016年，《网络借贷信息中介机构业务活动管理暂行办法》正式公布实施，一方面明确了网络借贷的监管体制，即"国务院银行业监督管理机构及其派出机构负责制定网络借贷信息中介机构业务活动监督管理制度，并实施行为监管。各省级人民政府负责本辖区网络借贷信息中介机构的机构监管"，另一方面针对网络借贷业务开启无条件备案制管理,并实质上施行了负面清单制度,以及对信息披露制度、投资者保护制度等进行了完善。

第六节 小结

经过70年的风雨洗礼,我国已建立符合社会主义市场经济发展要求的现代金融体系,与此相应,金融监管和金融风险管理理论发展和政策实践也取得重要成果,经受了各类重大风险危机和事件考验,为维护金融稳定,支持国民经济快速、健康发展作出重要贡献。中国经济和金融经过了上一轮扩张期后,进入下行"清算"期。同时,实体经济供需失衡,金融业内部失衡,金融和实体经济循环不畅。另外,某些体制性原因也导致一些市场行为出现异化,道德风险明显上升。金融监管体系和风险管理水平仍然不太适应经济和金融最新发展要求。

经济为肌体、金融为血脉,二者共生共荣。金融活则经济活,金融稳则经济稳。金融风险成因在金融与实体经济关系层面上源于二者发展的不平衡,金融危机本质上是金融体系脱离实体经济过度承担风险和扩张资产负债的结果。今后一个时期,我国实体经济的主要风险将集中体现为经济增长速度下滑、产能过剩、企业困难加剧和失业率上升等方面。与之对应,金融风险将集中体现为杠杆率攀升、债务负担加重和不良资产增加。为此,促进实体经济发展,引导资金脱虚向实是关键。引导资金脱虚向实,重要的是提高实体经济效率。要提高实体经济效率,就必须要提高资产回报率在上升的行业中的比重。深入推进供给侧结构性改革,实施大规模产业调整势在必行。

目前,中国金融体系正处于维护金融稳定和防范系统性风险的关键期,经济和社会发展面临着各种机遇与挑战,同时,外部环境也日趋复杂多变。这要求我们在促进金融服务实体经济过程中，立足国情现实，提升理论思想，创新技术方法，开创新时代中国特色金融监管和风险管理理论体系，构建和完善维护金融稳定和防范系统风险的监管构架，为新时代中国经济发展和金融稳定添砖加瓦和保驾护航。

第六章　新中国金融科技思想史初探：文献述评

第一节　金融科技的兴起与金融体系的发展

近年来，金融科技的浪潮席卷世界各国，成为金融界热议的崭新术语。但若按照业界和学界的一般看法，把金融科技视为金融与科技的融合发展，那么金融科技的发展则是一个老故事了。数百年来，金融业是在不断引进、应用和发展新技术的过程中成长起来的。我们甚至可以认为，如果忽略技术变革对金融的影响，人类的金融发展史就是不完整的、有缺憾的。例如，早在19世纪，铁路、电报、电话、打字机和计算器等新技术甫一出现就在银行业得到了广泛应用。再如，20世纪50年代，磁条技术和芯片技术的发展催生了信用卡产业，20世纪60年代计算机、通信等技术的突破则直接推动了银行业务流程的重构。这样的例子不胜枚举。可见，技术革新是金融创新的重要推动力，金融科技是现代金融体系的重要组成部分。

作为全球科技创新领跑者和金融霸主，美国的科技进步对金融体系的影响是持久而深远的。1980年，在庆祝美国国民经济研究局（NBER）成立60周年的一次会议上，一些美国经济学家指出，与制造业或其他生产类行业相比，金融业通常能够以更低的成本更快速地采用创新技术。第二次世界大战结束后的 30 年间，电子通信和数据处理方面的技术进步显著，金融业对新技术的广泛应用促进了远程终端银行业务的出现，推动了半自动国内股权交易市场系统和商业银行电子资金转账系统的发展，这些创新服务的普及推动美国金融结构持续优化，金融体系的交易成本不断降低，金融体系运行效率大幅提升①。1999 年，时任美联储主席格林斯潘在与时任中国国务院总理朱镕基会见时也谈到，美国计算机和通信等技术的快速发展导致了金融系统的革命，提高了生产力，改善了资本的有效利用，并提高了人民生活水平。金融机构和金融产品迅速发展，资产可以以最佳方式由消费者不需要的产品向消费者需要的产品转移②。

第二次世界大战结束之后的 30 年间，中国与美国的发展阶段有极大差异，两国的金融制度安排也相去甚远。中华人民共和国成立之初的 30 年间，为配合重工业优先发展战略的实施，我国实施高度集中的计划经济体系，资金的配置由中央计划当局决定；利率也被严重压低。因此，那时的中国并没有现代意义上的中央银行、商业银行和金融市场，科技进步对金融体系的影响也不可能成为学术界的关注对象。

第二节 20 世纪 90 年代：中国金融科技与金融科技研究的萌芽期

1978 年之后，中国开启改革开放新征程，金融体系得以重建和发展。中国人民银行从财政部分离出来，专门履行中央银行的职能。此后，人民银行不断强化金融调控和金融监管职能，

---

① [美] 马丁·费尔德斯坦编：《转变中的美国经济》，马静译，商务印书馆 2018 年版，第 72 页。
② 《朱镕基讲话实录》（第三卷），人民出版社 2011 年版，第 217 页。

划转政策性业务和商业银行业务。与此同时，商业银行、政策性银行、合作性金融机构、保险公司、信托投资公司、财务公司等各类金融机构如雨后春笋般出现，呈现金融机构多样化和金融业务多元化新局面。

改革开放初期，中国金融体系的科技含量很低，金融电子化水平很落后，而此时发达国家早已在运用新技术改造金融业方面取得了突破性进展。中国领导人对此有着清醒的认识。

1993年6月，江泽民同志在视察中国人民银行清算总中心时，发表了题为"实现金融管理电子化"的讲话。讲话指出：实行金融电子化，控制现金流通量，有利于防止和减少因为现金管理不严而产生或加剧的腐败行为，现金供应压力也可以大大减少。讲话强调，金融管理不能搞相互分割、相互封锁，应该搞现代化的矩阵式管理。要下决心把金融卫星通信网搞起来，这可以说是我们金融管理上的一次革命性变革。这不仅仅是个管理问题、技术问题，更重要的是有利于我们国家和社会安定团结，有利于整个国民经济健康顺利发展。江泽民特别指出，金融电子化建设的最大阻力不是技术障碍，而是思想认识不到位、不统一。因此，首先要从思想上解决问题，充分认识减少现金使用和金融电子化的必要性、重要性和紧迫性。他强调要克服本位主义，要搞矩阵式管理，调动各方力量，把这项大工程搞好[①]。

讲话发表后不久的1993年11月，中共十四届三中全会通过的《中共中央关于建立社会主义市场经济体制若干问题的决定》中明确提出，要实现银行系统计算机网络化，积极推行信用卡，减少现金流通量。在这篇讲话发表20年后，陈元同志撰文回顾当时的情况，指出在讲话精神指引下，以银行卡联网通用和推

[①] 江泽民：《实现金融管理电子化》，载《论中国信息产业技术发展》，中央文献出版社、上海交通大学出版社2009年版。

广普及为核心的金融电子化国家重点项目"金卡工程"迅速启动,经过20年的努力,我国金融电子化实现了从小到大、从弱到强的跨越式发展,一步追赶上发达国家的先进水平。他认为,无论支付系统还是信用卡系统,都是市场经济的重要载体和平台,既为整个市场经济服务,又规范和管理市场经济。特别是金融电子化的发展,推动了征信系统的建立,从制度层面约束和规范市场主体的信用行为,为改善金融运行环境、规范市场经济秩序发挥了重要作用①。

朱镕基同志也高度关注技术对货币金融体系的影响。在1994年8月召开的中国人民银行分行行长座谈会上,朱镕基分析了结算系统现代化与货币政策的关系。他指出,在美国的金融体系中,由于结算手段实现了现代化,存款准备金的作用越来越小了;但在中国,结算手段还远未实现现代化,因此存款准备金还是很重要②。同年9月,朱镕基在听取中国人民银行稽核监督工作汇报时指出,加强银行稽核监督工作,要通过电子计算机手段进行管理,要将一部分既懂金融又懂电子计算机的大学生充实到稽核队伍中去③。

在沈联涛主编的《金融、发展和改革》一书中,原纽约联储副总裁森卓维克回顾了20世纪90年代中国开启金融电子化大幕时的情景。森卓维克指出,20世纪90年代初的中国支付体系的发展滞后于经济高速增长的需要。由于缺乏及时有效的交通基础设施,且技术运用尚未普及,支付系统以同城现金交易

---

① 陈元:《对我国社会主义市场经济体制建设的一项重大贡献——重温江泽民同志〈实现金融管理电子化〉有感》,《人民日报》2013年4月11日第8版。

② 朱镕基:《跨出金融改革关键性的一步》,载《朱镕基讲话实录》(第二卷),人民出版社2011年版,第11页。

③ 朱镕基:《加强银行稽核监督工作》,载《朱镕基讲话实录》(第二卷),人民出版社2011年版,第28页。

和低效的跨行异地纸面交易为主。异地支付的最终结算能拖上30天，大笔资金要被冻结待结算。为了改变这一状况，中国人民银行在世界银行的支持下着手开发新的支付系统。①

20世纪90年代的中国经济学界和金融界已经有一些研究者关注到金融运行中的科技问题。

姜建清对美国银行业的变革有着持续的观察。他指出，美国化学银行和大通银行宣布兼并，创造出一个总资产排列美国银行界第一、拥有2970亿美元资产的金融巨人。伴随着这次兼并连同其前后发生的一系列银行兼并，出现了银行大量裁员和关闭分支机构的现象。这揭示了在激烈的竞争中，美国银行业正在电子化发展的轨道上快速前进，电子化打破了地域限制，银行已经不需要依托大量分支机构来提供金融服务了②。

姜建清对这一问题进行了持续研究，在20世纪90年代末完成了两部相关专著。其一是1999年出版的《美国银行业的科技革命》，该书对美国科技革命重塑金融业的事实、脉络和机理进行了剖析，其扉页引用的一段话预示着信息技术革命即将在金融业掀起一轮熊彼特意义上的"创造性破坏"进程："这是一个对金融服务业极富挑战性的时代。不仅如此，我们将目睹一股持久的强风席卷而来，或创造，或毁灭。在这等变革面前，我们在市场、服务、技术等领域都毫无退路可走。"③ 其二是姜于1999年完成的博士论文《金融高科技的发展及其深层影响研究》，该书于2000年正式出版。该书从高科技发展对宏微观金融的影响入手，在科技和金融的交叉处开展分析。重点是分析

---

① 沈联涛主编：《金融、发展和改革》，中信出版社2014年版，第30页。

② 姜建清：《美国银行业的电子化发展与分支机构收缩》，《中国金融》1996年第3期。

③ 姜建清：《美国银行业的科技革命》，上海财经大学出版社1999年版。

科技革命引发的货币形态由实物货币向电子货币的转变，银行概念从实体银行向虚拟银行的转变，柜面服务从人人对话向人机对话的转变，资金支付从依赖纸质凭证向电子支付转变等大趋势。20 年后看，这些判断是富有前瞻性的，大致准确地反映了 20 年来世界金融科技变革的若干主要方向①。

除了姜建清的系列著述之外，也有其他一些研究者关注到了国外科技革命对金融业的冲击效应。徐炜对美国银行业的重要变革进行了梳理，发现美国银行科技正在突飞猛进，自动柜员机和电话银行的功能日趋完善，个人电脑银行逐渐普及，技术的进步推动银行业务"超级市场化"，金融创新层出不穷，这极大地改变了银行的传统面貌②。

冯飞发现，1997 年东南亚金融危机中的信息因素值得高度关注。因为投机行为具有的前所未有的杀伤力是与现代信息技术的发展直接相关的。正是有了现代金融信息技术，才使投机者在遍布全球的金融交易系统中仅花费几分钟甚至几十秒钟的时间处理一项交易决策，使大量资金完成一次市场进出业务，从而能够在极短的时间里获得巨额盈利。这引起公众恐慌，形成了此涨彼涨、此跌彼跌的区域性甚至国际性的股市、汇市同频震荡。从而加剧了金融危机向深度和广度发展③。

张茂发现，微电子技术的应用成倍地提高了金融信息的传播速度和处理能力，降低了金融交易成本，扩大了金融通讯范围，使得传统的金融业务从手工操作转变为机械化和半自动化，

---

① 姜建清：《金融高科技发展及其深层次影响研究》，中国金融出版社 2000 年版。
② 徐炜：《当代美国银行业的重要变革》，《开放导报》1997 年第 10 期。
③ 冯飞：《东南亚金融危机中的科技因素》，《中国科技论坛》1998 年第 4 期。

甚至全自动化操作①。

20世纪90年代，美国开始建设信息高速公路，新经济发展步入快车道。1995年之后，网络银行开始在美国等发达经济体兴起。国内人士也在密切关注网络银行的发展动向。

刘强认为，网上银行是21世纪银行的主要形态，它改变了传统金融机构的结构和运行模式，带来手段更新、内容更丰富的服务，也更加方便快捷、效率更高、成本更低。同时他也注意到，作为新生事物，有许多问题都是始料未及的，包括安全、技术、监管等问题，因而有待完善与发展②。

闻岳春、陈翀重点研究了我国发展网络银行的基本策略。在现阶段，我们应当坚持以传统商业银行发展网上银行服务为我国网络银行发展的主要模式，商业银行可以考虑采取灵活的方式，比如以企业银行、家庭银行等安全性较高的封闭型网络银行模式为重点客户服务；以开放型网络银行面向一般客户，提供安全性有保证的普通咨询或金融服务。在鼓励传统商业银行发展网上银行服务的同时，我们也应当积极努力探索建立纯网络银行的模式。同时还要在中央银行的统一规划下，大力拓展智能卡，积极探索发行网络货币，并进行建立电子货币体系的有益尝试，为迅即来临的货币和银行革命打下扎实基础③。

蔡曙晓比较系统地介绍了国际上网上银行发展的主要动向，分析了中国网上银行的发展现状。他认为，网上银行正日益成为全球金融市场一种全新的银行经营交易方式，并将对传统的

---

① 张茂：《现代科技与金融创新》，《科学学与科学技术管理》1996年第5期。

② 刘强：《网上银行——21世纪的银行》，《上海金融》1998年第2期。

③ 闻岳春、陈翀：《我国网络银行发展探讨》，《金融研究》1999年第10期。

银行经营交易方式提出严重的挑战，同时也给银行及非银行金融机构发展银行金融业务带来了前所未有的机遇。我国应多管齐下，大力推动网上银行发展①。

这一时期，还有一些学者用"网络金融"或"电子金融"来刻画新技术条件下的金融活动。

狄卫平、梁洪泽对网络金融的定义是指在国际互联网（Internet）上实现的金融活动，包括网络金融机构、网络金融交易、网络金融市场和网络金融监管等方面。它不同于传统的以物理形态存在的金融活动，是存在于电子空间中的金融活动，其存在形态是虚拟化的、运行方式是网络化的。它是信息技术特别是互联网技术飞速发展的产物，是适应电子商务（e-commerce）发展需要而产生的网络时代的金融运行模式。他们还认为，1999年是中国电子商务大发展的一年，同时也是网络金融大发展的一年。这种快速的发展势头预示着中国金融业务将经历一场历史性的变革，即网络革命②。

党开宇、吴冲锋关注到，互联网已广泛地进入生产、生活的各个领域，带来了一场端到端的革命，金融业受到了前所未有的冲击。也为金融机构构建了全新的运营环境。但这并不表明中国的金融业应立即倾力投入网络和增值服务的怀抱。毕竟，中国的金融市场还处于起步成长阶段，迂回经济也还没有达到其顶峰，融资功能仍将在经济发展和产业振兴中起举足轻重的作用。金融业要借互联网和加入WTO的契机，不断巩固完善现有的金融业务，打下牢固的基础，攒取丰富的经验；同时又要顺应趋势，不断发掘提供新的增值的金融服务，建立实力雄厚

---

① 蔡曙晓：《互联网上银行发展对传统银行经营方式的挑战及对策》，《国际金融研究》2000年第3期。

② 狄卫平、梁洪泽：《网络金融研究》，《金融研究》2000年第11期。

的网上金融①。

在这一时期讨论科技与金融融合发展的文献中，科技对金融体系的影响并非唯一的议题，还有不少文献的研究主题集中在如何为科技进步和高技术产业发展提供金融支持。根据我们的检索，以此为主题的论文不在少数，但系统深入的研究并不多见。李扬1998年写就的一份研究报告是该领域富有前瞻性的文献。文章认为，促进技术进步，特别是促进高新技术产业化的关键，在于创造出一个有效的金融支持体系。高科技企业的成长是漫长且充满风险的过程，其在市场导入和增长阶段需要特殊的金融支持，而创业投资能够较好地满足要求。②

总体而言，20世纪90年代是中国金融科技发展的起步时期，也是中国金融科技研究的萌芽时期。这一时期的金融研究集中于金融改革、金融发展和金融开放等领域，很少有文献系统地将科技因素纳入分析框架，金融科技方面的文献数量也比较少。但从上述回顾中可以看到，这一时期的金融科技文献仍然比较快速地对发达经济体金融系统正在发生的科技革命进行了跟踪，对与之相关的事实、历史和理论进行了梳理和初步分析。这些文献的基本判断和趋势预测与后来中国金融科技发展的走势大致相同，对后续研究起到了奠基和铺路的作用。

第三节　21世纪最初10年：中国金融科技与金融科技研究的平稳发展期

网络金融或电子金融的概念在其兴起时，更多指的是传统

---

① 党开宇、吴冲锋：《网络经济下国际金融中心再认识》，《亚太经济》2000年第6期。

② 李扬：《为高新技术企业发展提供金融支持体系》，《财经界》2000年第6期。

的金融机构或传统的金融服务向互联网的延伸,其主要功能是在互联网的平台上降低金融服务的交易成本,增进金融服务的可得性。进入21世纪之后,受到新经济泡沫破灭的冲击,国际学术界和监管部门对电子金融的热情似乎骤然消失了,关于电子金融的讨论戛然而止[1]。

尽管如此,互联网技术自身的发展依旧迅猛,互联网经济也逐渐展现出新的活力。其突出表现在于,互联网不再甘于仅仅作为传统金融机构降低运营成本的工具,而是逐渐将其"开放、平等、协作、分享"的精神向传统金融业态渗透,从供求两端对金融业发展产生了重要影响。就中国而言,这种影响尤为明显。从需求面看,2005年7月,中国互联网网民数量首次突破1亿大关,到2014年12月,这一数字则已激增到6.49亿,高居世界第一,互联网普及率也达到了47.9%。互联网使用群体的扩张催生了人们对金融服务的大量新需求。从供给面看,云计算、社交网络、移动支付等新技术取得突破性进展,大数据成为创造新发明、新服务和新价值的源泉,互联网和移动通信网络的融合进程加速。这些IT技术的新变革从供给面引领金融服务模式的变迁,并开始对既有的传统金融模式产生巨大冲击。在需求与供给两端力量的共同推动下,以互联网技术为支撑平台的各类非传统金融机构和金融业态大量涌现[2]。

这一阶段的中国金融科技研究,虽未成为金融学研究的热点领域,但仍在平稳有序的状态中逐步积累。此处介绍其中一些代表性文献。赵昌文的专著《科技金融》是这一时期比较有代表性的文献。作者认为,科技金融是促进科技开发、成果转

---

[1] 殷剑峰:《"互联网金融"的神话与现实》,《上海证券报》2014年4月22日。

[2] 董昀、李鑫:《互联网金融的发展:基于文献的探究》,《金融评论》2014年第5期。

化和高新技术产业发展的一系列金融工具、金融制度、金融政策与金融服务的系统性安排,是由向科学与技术创新活动提供金融资源的政府、企业、市场、社会中介机构等各种主体,及其在科技创新融资过程中的行为活动共同组成的一个体系,是国家科技创新体系和金融体系的重要组成部分[①]。当然,该著作的研究重心是金融如何支持科技进步和高技术产业发展,有关科技如何影响金融业发展的问题,该书着墨甚少。

此外还有一些论文也剖析了金融科技领域的一些热点问题。

张祎较早地对基于互联网的两种典型支付模式——数字现金支付模式和非数字现金支付模式进行了比较,探讨不同电子支付方式的安全性、支付效率和支付成本等问题,并对数字现金支付模式中所使用的电子货币与实体现金进行了比较研究[②]。

方明把网络金融业的发展大致归纳为三个主要的方向:一是政府、企业和消费者的网络金融化;二是金融机构的网络化,包括网络银行的发展;三是金融市场的网络化[③]。

纪玉山认为,加入WTO之后,网络金融将是我国金融业最先受到冲击的领域。虽然我国网络金融已取得了实质性的发展,但其中存在的问题严重制约了我国网络金融的进一步发展。作者在分析制约我国网络金融发展因素的基础上,提出了加速我国网络金融发展的对策。[④]

陈金明认为,科技革命极大地推动了金融创新和金融业的

---

① 赵昌文:《科技金融》,科学出版社2009年版。
② 张祎:《基于互联网的电子支付系统》,《商业经济与管理》2001年第5期。
③ 方明:《依赖网络平台——全球网络金融业发展及主要趋势》,《国际贸易》2001年第2期。
④ 纪玉山:《我国网络金融发展中存在的问题及对策研究》,《经济纵横》2002年第6期。

发展，使之从传统转为现代。对于中国的金融业而言，不创新将灭亡，在加入 WTO 后的保护缓冲期结束日期步步逼近之时，可能并非危言耸听。所以必须将金融创新，特别是用科技创新所推动的金融创新的重要意义提高到战略的高度加以认识①。

第四节　2012—2016 年：中国互联网金融及相关研究的爆发期

2012 年 8 月 24 日，中国平安董事长马明哲在中期业绩发布会上证实正在与阿里巴巴的马云、腾讯的马化腾筹划成立互联网金融公司，因此掀起了互联网金融概念的狂潮。2012 年以来，持续升温的互联网金融热浪引起了国内学界的广泛关注，"互联网金融"作为一种学术概念开始频繁出现在各种中文学术文献当中。

2012 年，谢平、邹传伟发表了《互联网金融模式研究》一文，开启了我国互联网金融研究的热潮。该文指出，以互联网为代表的现代信息科技，特别是移动支付、社交网络、搜索引擎和云计算等，将对人类金融模式产生根本影响。可能出现既不同于商业银行间接融资、也不同于资本市场直接融资的第三种金融融资模式，称为"互联网金融模式"。该文研究了互联网金融模式的支付方式、信息处理和资源配置②。

中国人民银行发布的 2013 年第二季度中国货币政策执行报告中，首次使用了"互联网金融"一词，随后，该名词也被写

---

① 陈金明：《科技革命对金融业发展的影响》，《自然辩证法通讯》2005 年第 6 期。

② 谢平、邹传伟：《互联网金融模式研究》，《金融研究》2012 年第 12 期。

入了 2014 年国务院政府工作报告,这些事件标志着互联网金融这一新概念正式得到官方的认可。与此形成鲜明对照的是,国际上对互联网与金融业务的结合有多种提法,但还没有"互联网金融"的提法。流行的提法包括:世界银行的电子金融(electronic finance 或者 e-finance)、在线银行(online bank)、电子支付(electronic payment);美国的电子银行服务(electronic banking service);英国的电子支付(electronic means of payment);德国的网络银行(direct banking,又称直销银行)、直接销售保险商(direct-selling insurers);美英及欧盟的电子货币(electronic money),等等。

围绕互联网金融概念的内涵,学术界进行了广泛讨论。吴晓求认为,互联网金融指的是以互联网为平台构建的具有金融功能链且具有独立生存空间的投融资运行结构。不过值得注意的是,国内金融界所称的"互联网金融"涉及支付、信贷、基金等各类金融业态,由本质特征截然不同的多种金融服务构成,并不构成第三种独立的投融资模式,其功能也不仅仅局限于投融资[1]。谢平等人随后又提出了一个更为宽泛的定义,认为互联网金融是一个具有前瞻性的谱系概念,涵盖受到互联网技术和互联网精神影响,从各类金融中介和市场,到瓦尔拉斯一般均衡对应的无金融中介或市场情形之间的所有金融交易和组织形式,是一个弹性很大、极富想象空间的概念[2]。

当然,也有一些学者对"互联网金融"作为一个独立概念的必要性提出了质疑。殷剑峰指出,"互联网金融"是"电子金融"的一类,其本质无非是利用互联网来提供金融服务;互联网金融概念被热炒的背后是一些互联网企业希冀进入金融行业

---

[1] 吴晓求:《中国金融的深度变革与互联网金融》,《财贸经济》2014 年第 1 期。

[2] 谢平等:《互联网金融手册》,中国人民大学出版社 2014 年版。

的强烈诉求①。周宇则指出，从广义上讲，通过或依托互联网进行的金融活动和交易均可划归互联网金融，既包括通过互联网进行的传统金融业务，也包括依托互联网创新而产生的新兴金融业务②。戴险峰更是明确指出，中国所谓"互联网金融"业务，只是传统金融在监管之外的一种生存形态，互联网只是一种工具。金融的本质没有变，也没有产生可以叫作"互联网金融"的新金融，"互联网金融"的提法并不科学③。董昀、李鑫将"互联网金融"大致理解为，在新的技术条件下，各类金融机构，尤其是非传统金融机构依托于其海量的数据积累以及强大的数据处理能力，通过互联网平台提供的信贷、融资、支付等一系列金融中介服务。若要简单概括互联网金融的本质特征，就可称其为基于大数据的、以互联网平台为载体的金融服务④。

在一系列互联网金融产品"创造性破坏"式的冲击之下，金融市场竞争加剧，银行的负债端资金成本急速攀升，垄断利润开始大幅度缩水，各类既有金融机构的"奶酪"正在被新兴的互联网金融机构蚕食，加速推动了金融脱媒进程。于是，新兴的各种互联网金融业态也都成为金融学者的研究对象。

在P2P网络借贷平台研究方面，赵岳和谭之博构造数理模型论证了B2C网络借贷模式缓解中小企业融资困难的作用机制⑤。杨涛等人通过实地调研获取了大量数据，从理论、实践和

---

① 殷剑峰：《"互联网金融"的神话与现实》，《上海证券报》2014年4月22日。

② 周宇：《互联网金融：一场划时代的金融变革》，《探索与争鸣》2013年第9期。

③ 戴险峰：《互联网金融真伪》，《财经》2014年第7期。

④ 董昀、李鑫：《互联网金融的发展：基于文献的探究》，《金融评论》2014年第5期。

⑤ 赵岳、谭之博：《电子商务、银行信贷与中小企业融资》，《经济研究》第7期。

政策三个不同角度对P2P网络借贷模式的创新模式、风险渊源和监管方略等问题进行了比较全面的研究①。

在互联网众筹融资方面,黄玲、周勤的实证研究发现,资金需求量较小的创意项目倾向于选择众筹模式;在运行过程中,有效的质量信号在满足投资人偏好类型条件下能够诱发投资激励,并通过众筹社区反馈渠道迅速传播,推动创意项目取得成功②。

在网络银行方面,陈一稀等人认为,我国的互联网企业大多已经拥有电子商务网络和第三方支付平台,这就使得网络银行如若设立,必然交织于电子商务、第三方支付、传统银行等复杂关系之中,产生拥有特殊竞争合作关系与潜在风险的金融生态系统③。

在移动支付方面,杨涛等人从2013年开始推出的年度报告《中国支付清算发展报告》对包括移动支付在内的国内外支付行业发展变迁进行了全景式的描述和分析,在业界引起了广泛关注④。

还有文献从整体上评估了互联网金融对金融系统的影响。刘澜飚等发现,多数研究的结果表明,互联网金融对传统金融中介的替代作用较小,两者之间存在较大的融合空间⑤。王国刚

---

① 杨涛等:《真实的P2P网贷:创新、风险与监管》,经济管理出版社2016年版。

② 黄玲、周勤:《创意众筹的异质性融资激励与自反馈机制设计研究》,《中国工业经济》2014年第7期。

③ 陈一稀等:《电商系网络银行的金融生态问题探析》,《上海金融》2014年第4期。

④ 杨涛主编:《中国支付清算发展报告(2013)》,社会科学文献出版社2013年版。

⑤ 刘澜飚等:《互联网金融发展及其对传统金融模式的影响探讨》,《经济学动态》2013年第8期。

指出，互联网金融只是借助了互联网的渠道和技术所展开的金融活动，它非但不可能改变金融的实质和金融的各项核心功能，反而有利于使金融实质和金融功能借助互联网而变得更加突出和更加有效[①]。郑联盛指出，互联网金融目前在各自业务领域的影响整体较小，对银行部门影响短期有限长期可能较为深远，对金融体系整体的影响是综合性的但目前极为有限[②]。

总体而言，富有中国特色的"互联网金融"概念背后蕴含的并非基础性的金融创新，而是利用互联网技术、借鉴发达经济体实践经验，并根据中国市场特性进行局部流程创新的产物。需要注意，虽然互联网金融的发展在一定程度上提升了我国金融服务的效率，但其诱发的泡沫与风险更值得关注。市场上充斥着打着互联网金融旗号从事传统金融业务，但又不受到各项监管制度约束的伪互联网金融活动。这类权责利不匹配的经营活动是金融体系中潜在的风险点，理应受到严肃整治。

2015年7月，十部委联合印发了《关于促进互联网金融健康发展的指导意见》，互联网金融监管的许多空白地带得到有力填补，该《指导意见》的出台成为中国互联网金融发展的转折点，严格监管成为该行业的主基调。互联网金融已逐步告别行业无序发展，进入优胜劣汰的关键时段。

第五节　2016年之后：中国金融科技研究开启新时代

互联网金融热潮的逐渐褪去并不意味着科技与金融融合发

---

① 王国刚：《从互联网金融看我国金融改革新趋势》，《红旗文稿》2014年第8期。

② 郑联盛：《中国互联网金融：模式、影响、本质与风险》，《国际经济评论》2014年第5期。

展进程的终结。恰恰相反，随着金融科技在全球范围内的流行，以及大数据、人工智能、互联技术、分布式技术、安全技术等领域的迅猛发展，科技对金融体系的影响范围越来越广，冲击力越来越具有颠覆性。习近平总书记在 2019 年 2 月 22 日的中央政治局集体学习活动中指出，要运用现代科技手段和支付结算机制，适时动态监管线上线下、国际国内的资金流向流量，使所有资金流动都置于金融监管机构的监督视野之内①。这表明党中央对现代科技在金融活动中的应用给予了高度关注。

2017 年以来，国内可谓掀起了一股研究金融科技的热潮，也出现了一些有价值的学术成果。

学术界对全球与中国金融科技的发展规律和趋势进行了比较多的探讨，重点探讨了金融科技对传统金融的冲击效应。廖岷等发现，金融科技在全球范围内高速发展且后劲十足，已经开始冲击整个传统金融模式了。作者在介绍全球与中国金融科技行业发展现状的基础上，重点评估了互联网支付、网络融资、智能理财、区块链等新因素对金融业的影响②。尹志超、余颖丰认为，虽然金融的本质和经济运行的规律没有改变，但科技在推动金融行业发展、增加经济社会福祉的同时，也在不断渗透金融的每个"细胞"，改变着传统金融业务的 DNA③。孙国峰从创新角度研究金融科技，认为一部金融发展史就是金融业不断创新的过程，金融科技本质上是一场金融信息的传输、接收、分析和处理技术的革命，将其战略意

---

① 《习近平在中共中央政治局第十三次集体学习时强调，深化金融供给侧结构性改革增强金融服务实体经济能力》，《人民日报》2019 年 2 月 23 日第 1 版。

② 廖岷等：《金融科技发展的国际经验和中国政策取向》，中国金融出版社 2017 年版。

③ 尹志超、余颖丰：《重视金融科技在金融发展中的作用》，《光明日报》2018 年 11 月 20 日第 11 版。

义比喻成"金钉子"。作者也冷静地指出，金融科技虽然改变了金融交易的载体、渠道和技术，但没有改变金融的本质和功能，金融为本，科技是器①。

在金融科技涉及的各类技术中，区块链技术是近年来我国金融科技研究的焦点问题。林晓轩（2016）将区块链定义为一种基于密码学技术生成的分布式共享数据库，其本质是通过去中心化的方式集体维护一个可靠数据库的技术方案②。众多的研究者对区块链技术的优势和潜力进行了分析。李文红、蒋则沈认为，金融科技可分为支付结算、存贷款与资本筹集、投资管理、市场设施四类，其中，分布式账户（包括区块链）被认为是最具发展潜力的技术③。宫晓林等人认为，传统金融模式一直没有找到有效解决信息不对称问题的办法，而区块链恰恰为解决这一难题提供了有效办法。它的发展最终将带来金融产业和金融生态的巨大变革④。马理和朱硕则以近期被热议的区块链技术在支付结算领域的应用为主题，将去中心化的节点认证机制引入经典数理模型，发现区块链技术有可能改进传统的支付结算模式的经营效率，降低交易者的成本，但也可能会产生新的风险点⑤。

总体而言，区块链技术具有去中心化和分布式记账的突出

---

① 孙国峰：《金钉子：中国金融科技变革新坐标》，中信出版集团2019年版。

② 林晓轩：《区块链技术在金融业的应用》，《中国金融》2016年第8期。

③ 李文红、蒋则沈：《金融科技发展与监管：一个监管者的视角》，《金融监管研究》2017年第3期。

④ 宫晓林等：《区块链的技术原理及其在金融领域的应用》，《国际金融》2017年第2期。

⑤ 马理、朱硕：《区块链技术在支付结算领域的应用与风险》，《金融评论》2018年第4期。

特点，代表了未来信息数据存储和交互的重要技术发展方向；其主要功能不应当是造币，而是被充分地运用在建立新的信用体系当中。《经济日报》2018年4月18日的一篇文章的题目精当地指明了这一方向："区块链：能否推开信任的大门？"①

金融科技的发展强有力地冲击着既有金融体系，也带来了新的风险和挑战。如同邱兆祥、刘永元所言，金融科技迅速发展，有助于拓展金融资源可分配界限，提升金融资源配置效率。金融科技实质上在金融行业内构造了一种新的"生产函数"，极有可能对现存的金融业态和金融稳定产生一定的负面冲击，在金融监管方面的挑战尤为艰巨②。如杨东所看到的，金融科技事实上重构了投资者和融资者的金融交易习惯与方式，传统的金融立法难以对新的交易方式有效界定和监管③。正因如此，有不少学者在关注金融科技发展的同时，也开始研究金融科技发展引发的一系列金融监管挑战。

李文红、蒋则沈认为，对于新兴的金融科技企业，监管者应遵循"技术中立"原则，按照金融业务本质实施监管，维护市场公平竞争，尤其是要防止冒用"技术"名义违法违规开展金融业务④。胡滨认为，如何强化金融科技监管的全局性、针对性、统筹性和及时性，如何有效保护金融消费者和保障金融普惠性，如何完善金融科技监管的理念、机制、组织、技术并构

---

① 陈静：《区块链：能否推开信任的大门？》，《经济日报》2018年4月18日。

② 邱兆祥、刘永元：《金融科技发展对金融稳定的影响及对策研究》，《教学与研究》2019年第2期。

③ 杨东：《防范金融科技带来的金融风险》，《红旗文稿》2017年第8期。

④ 李文红、蒋则沈：《分布式账户、区块链和数字货币的发展与监管研究》，《金融监管研究》2018年第6期。

建长效监管机制,将成为金融科技监管的重要趋势①。李敏认为,后金融危机时代的监管改革均以传统的金融服务业态为基础,并没有考虑到金融科技本身及其在传统金融业态中引发的巨大变化。这一状况可能导致监管效力大打折扣,因为以传统大型金融机构为"抓手"的风险监管体系难以适用于金融科技,甚至连被监管对象及其行为识别都存在困境,算法黑箱更使得既有监管捉襟见肘。应对这一缺陷的主要办法是推动功能监管理念革新,紧握技术契机发展实时监管和代码规制,加强自律监管并开展国际合作②。

第六节 小结

总体而言,我国金融科技领域的研究历经近30年的发展,已经取得了长足进步,但已有文献的风格仍以现象描述和政策探讨居多,尽管有一定的解释力和指导性,但仍缺乏严谨坚实的理论框架支撑,尚不能与丰富多彩的中国金融科技实践相匹配。在新一轮金融技术革命浪潮中,中国的实践已经走在世界前列,且富有转型经济体和发展中经济体的特色。这些"大象无形"般的变革对金融体系、货币体系和经济体系的冲击犹如大炮轰门,是彻底的、致命的。这为我们创立基于互联网和金融科技的经济学新版本提供了丰厚的实践土壤。认真总结中国金融科技发展的新鲜经验和典型事实,以全球眼光和历史视野来审视这些现象,当可为构建中国特色经济学提供坚实的基础。

---

① 胡滨:《金融科技监管的挑战与趋势》,《中国金融》2019年第6期。

② 李敏:《金融科技的系统性风险:监管挑战及应对》,《证券市场导报》2019年第2期。

参考文献

一 中文文献

著作

［美］保罗·克鲁格曼：《汇率的不稳定性》，张兆杰译，北京大学出版社、中国人民大学出版社2000年版。

陈彪如：《国际金融概论》（增订版），华东师范大学出版社1991年版。

陈彪如等：《人民币汇率研究》，华东师范大学出版社1992年版。

陈岱孙、厉以宁：《国际金融学说史》，中国金融出版社1991年版。

陈岱孙、商德文：《近代货币与金融理论研究——主要流派理论比较》，商务印书馆1997年版。

陈岱孙：《法币汇价问题》，原载《今日评论》（昆明）1939年第2卷第1期，载《陈岱孙文集》（上卷），北京大学出版社1989年版。

陈雨露：《国际资本流动的经济分析》，中国金融出版社1997年版。

陈雨露：《国际金融（第五版）精编版》，中国人民大学出版社2015年版。

《陈云文选》（第三卷），人民出版社1986年版。

《陈云文集》（第二卷），中央文献出版社2005年版。

戴相龙：《领导干部金融知识读本》（第三版），中国金融出版社2014年版。

《邓小平文选》（第三卷），人民出版社1993年版。

胡燕龙主编：《新中国金融史》，云南大学出版社1993年版。

黄志刚等：《人民币汇率波动弹性空间研究》，科学出版社2013年版。

江泽民：《实现金融管理电子化》，载《论中国信息技术产业发展》，中央文献出版社、上海交通大学出版社2009年版。

姜波克：《国际金融新编》（第五版），复旦大学出版社2012年版。

姜建清：《美国银行业的科技革命》，上海财经大学出版社1999年版。

姜建清：《金融高科技发展及其深层次影响研究》，中国金融出版社2000年版。

李达：《货币学概论》，载《李达文集》（第三卷），人民出版社1980年版。

李扬、王国刚、刘煜辉：《中国城市金融生态环境评价》，人民出版社2005年版。

李扬、张晓晶：《失衡与再平衡——塑造全球治理新框架》，中国社会科学出版社2013年版。

李扬：《中国金融改革开放三十年研究》，经济管理出版社2008年版。

李扬等：《新中国金融60年》，中国财政出版社2009年版。

廖岷等：《金融科技发展的国际经验和中国政策取向》，中国金融出版社2017年版。

刘鹤：《两次全球大危机的比较研究》，中国经济出版社2013年版。

刘鸿儒：《序言》，载吴念鲁、陈全庚《人民币汇率研究》（修订本），中国金融出版社 2002 年版。

吕进中：《中国外汇制度变迁》，中国金融出版社 2006 年版。

马君潞、陈平、范小云：《国际金融》，科学出版社 2005 年版。

《马克思恩格斯全集》第一卷，人民出版社 1972 年版。

《马克思恩格斯选集》第二卷，人民出版社 2012 年版。

马克思：《资本论》（第一卷），人民出版社 2004 年版。

马克思：《资本论》（第三卷），人民出版社 2004 年版。

马寅初：《通货新论》，商务印书馆 2010 年版。

彭兴韵：《转折与变局》，中信出版社 2017 年版。

钱荣堃、陈平、马君潞：《国际金融》，南开大学出版社 2002 年版。

钱荣堃、陈平、马君潞：《国际金融》（修订第四版），四川人民出版社 2006 年版。

钱荣堃：《人民币汇率的理论与政策问题》，载钱荣堃《国际金融专论》，中国金融出版社 1991 年版。

森卓维克：《中国人民银行支付系统的建设》，载沈联涛主编《金融、发展和改革》，中信出版社 2014 年版。

沈丹阳：《美国是如何促进服务贸易出口的》，中国商务出版社 2013 年版。

沈联涛：《陈元在中国现代化支付系统发展中的作用》，载沈联涛主编《金融、发展和改革》，中信出版社 2014 年版。

孙国峰：《金钉子：中国金融科技变革新坐标》，中信出版集团 2019 年版。

温美平：《中国共产党金融思想研究》，复旦大学出版社 2012 年版。

吴念鲁、陈全庚：《人民币汇率研究》（修订本），中国金融出版社 2002 年版。

吴晓灵主编：《中国金融改革开放大事记》，中国金融出版社

2008年版。

吴晓求：《中国金融监管改革：现实动因与理论逻辑》，中国金融出版社2018年版。

习近平：《习近平谈治国理政》（第二卷），外文出版社2017年版。

谢平等：《互联网金融手册》，中国人民大学出版社2014年版。

杨涛主编：《中国支付清算发展报告（2013）》，社会科学文献出版社2013年版。

杨涛等：《真实的P2P网贷：创新、风险与监管》，经济管理出版社2016年版。

易纲：《中国金融改革思考录》，商务印书馆2009年版。

易纲、张帆：《宏观经济学》，中国人民大学出版社2008年版。

殷剑峰：《中国金融发展报告（2016）》，社会科学文献出版社2015年版。

张礼卿：《国际金融》，高等教育出版社2011年版。

张培刚：《对于汇率及其功能的认识》，原载《中国经济评论》1935年第2卷第11期（货币问题专号），载《张培刚集》，华中科技大学出版社2017年版。

张志超：《汇率论》，格致出版社、上海三联书店、上海人民出版社2017年版。

赵昌文：《科技金融》，科学出版社2009年版。

《〈中共中央关于制定国民经济和社会发展第十二个五年规划的建议〉辅导读本》，人民出版社2010年版。

《〈中共中央关于制定国民经济和社会发展第十三个五年规划的建议〉辅导读本》，人民出版社2015年版。

《中共中央国务院关于构建开放型经济新体制的若干意见》，人民出版社2015年版。

中共中央宣传部：《习近平总书记系列重要讲话读本》，学习出版社、人民出版社2016年版。

中国人民银行：《中国共产党领导下的金融发展简史》，中国金融出版社 2012 年版。

周小川：《守住不发生系统性金融风险的底线》，载《党的十九大报告辅导读本》，人民出版社 2017 年版。

周小川：《系统性的体制转变》，中国金融出版社 2008 年版。

周小川、谢平、肖梦、杨之刚：《人民币走向可兑换》，经济管理出版社 1993 年版。

朱镕基：《加强银行稽核监督工作》，载《朱镕基讲话实录》（第二卷），人民出版社 2011 年版。

朱镕基：《跨出金融改革关键性的一步》，载《朱镕基讲话实录》（第二卷），人民出版社 2011 年版。

期刊论文

巴曙松、沈长征：《国际金融监管改革趋势与中国金融监管改革的政策选择》，《西南金融》2013 年第 8 期。

白钦先、张志文：《外汇储备规模与本币国际化：日元的经验研究》，《经济研究》2011 年第 10 期。

蔡曙晓：《互联网上银行发展对传统银行经营方式的挑战及对策》，《国际金融研究》2000 年第 3 期。

曹红辉、胡志浩：《亚洲债券的计值货币与人民币的国际化》，《国际金融研究》2007 年第 10 期。

陈彪如：《关于人民币迈向国际货币的思考》，《上海金融》1998 年第 4 期。

陈岱孙：《金汇本位与战后之欧洲金融》，《清华大学学报》1934 年第 4 期。

陈建梁：《评人民币汇率调整的理论依据——兼评实际汇率分析法》，《经济研究》2000 年第 1 期。

陈健梁：《汇率理论与人民币汇率制度》，《中国社会科学》1986 年第 4 期。

陈金明：《科技革命对金融业发展的影响》，《自然辩证法通讯》

2005年第6期。

陈浪南、黄寿峰：《人民币汇率波动影响我国外汇储备变动的理论模型和实证研究》，《系统工程理论与实践》2012年第7期。

陈蓉、郑振龙：《结构突变、推定预期与风险溢酬：美元/人民币远期汇率定价偏差的信息含量》，《世界经济》2009年第6期。

陈雨露、张思成：《全球新型金融危机与中国外汇储备管理的战略调整》，《国际金融研究》2008年第11期。

陈雨露、周晴：《浮动汇率制度下货币政策操作模式及中国货币状况指数》，《世界经济》2004年第7期。

陈雨露：《国际金融危机以来经济理论界的学术反思与研究进展》，《国际金融研究》2017年第1期。

程博资、谭小芬：《建立可持续的中国国际收支平衡机制》，《经济问题探索》2014年第9期。

程炼：《国际货币体系变革下单人民币国际化》，《中国金融家》2012年第6期。

程炼：《人民币跨境与离岸支付系统的现状与问题》，《银行家》2017年第10期。

程炼：《人民币离岸市场与人民币国际化——基于支付清算系统的视角》，《新金融评论》2017年第5期。

程炼：《"一带一路"金融基础设施合作与人民币国际化》，《区域与全球发展》2018年第8期。

崔孟修：《汇率决定的混沌分析方法》，《管理世界》2001年第2期。

戴险峰：《互联网金融真伪》，《财经》2014年第7期。

党开宇、吴冲锋：《网络经济下国际金融中心再认识》，《亚太经济》2000年第6期。

狄卫平、梁洪泽：《网络金融研究》，《金融研究》2000年第

11 期。

丁一兵：《离岸市场的发展与人民币国际化的推进》，《东北亚论坛》2016 年第 1 期。

丁志杰、郭凯、闫瑞明：《非均衡条件下人民币汇率预期性质研究》，《金融研究》2009 年第 12 期。

方皋：《对调整外汇牌价应有的认识》，《中国金融》1951 年第 1 期。

方明：《依赖网络平台——全球网络金融业发展及主要趋势》，《国际贸易》2001 年第 2 期。

冯飞：《东南亚金融危机中的科技因素》，《中国科技论坛》1998 年第 4 期。

高海红、余永定：《人民币国际化的含义与条件》，《国际经济评论》2010 年第 1 期。

高海红：《人民币国际化的基础和政策次序》，《东北亚论坛》2016 年第 1 期。

高善文：《热钱影响人民币汇率形成吗？》，《金融研究》1998 年第 7 期。

宫晓林等：《区块链的技术原理及其在金融领域的应用》，《国际金融》2017 年第 2 期。

谷宇、高铁梅、付学文：《国际资本流动背景下人民币汇率的均衡水平及短期波动》，《金融研究》2008 年第 5 期。

管涛：《构建国际收支平衡市场化机制》，《中国金融》2014 年第 1 期。

管涛：《货币国际化需要正确的理论指导》，《新金融》2014 年第 9 期。

郭建泉：《汇率制度的演变趋势和我国的选择》，《管理世界》2001 年第 3 期。

郭树清：《中国经济的内部平衡与外部平衡问题》，《经济研究》2007 年第 12 期。

国家外汇管理局四川省分局课题组:《香港人民币离岸市场对境内货币政策的影响研究》,《西南金融》2014年第3期。

何帆、张斌、张明、徐奇渊、郑联盛:《香港离岸人民币金融市场的现状、前景、问题与风险》,《国际经济评论》2011年第3期。

何廉:《三十年天津外汇指数及外汇循环》,《清华大学学报》(自然科学版)1927年第2期。

河合正弘、刘利刚:《中国经济面临的三元悖论困境》,《新金融》2015年第6期。

胡滨:《金融科技监管的挑战与趋势》,《中国金融》2019年第6期。

胡冰星:《我国商业银行风险管理的现状、问题及对策》,《世界经济文汇》1997年第2期。

胡春田、陈智君:《人民币是否升值过度?——来自基本均衡汇率(1994—2008)的证据》,《国际金融研究》2009年第11期。

胡德宝、王晓彦:《巴塞尔协议Ⅲ框架下的流动性风险监管:机理、影响与国际经验》,《南方金融》2016年第2期。

胡定核:《人民币国际化探索》,《特区经济》1989年第1期。

胡晓炼:《中央银行汇率政策的选择》,《金融研究》1989年第7期。

黄达:《人民币是具有内在价值的货币商品的符号》,《经济研究》1957年第4期。

黄国平、刘煜辉:《中国金融生态环境评价体系设计与分析》,《系统工程理论与实践》2007年第6期。

黄海洲:《人民币国际化:新的改革开放推进器》,《国际经济评论》2009年第4期。

黄玲、周勤:《创意众筹的异质性融资激励与自反馈机制设计研究》,《中国工业经济》2014年第7期。

黄志刚、郑良玉：《中国经常账户盈余下降是周期性的吗?》，《国际金融研究》2013年第7期。

黄志刚：《货币政策与贸易不平衡的调整》，《经济研究》2011年第3期。

纪玉山：《我国网络金融发展中存在的问题及对策研究》，《经济纵横》2002年第6期。

姜波克：《均衡汇率理论和政策的新框架》，《中国社会科学》2006年第1期。

姜波克、莫涛：《人民币均衡汇率理论和政策新框架的再拓展——基于内部均衡和外部平衡的分析》，《复旦学报》（社会科学版）2009年第4期。

姜波克、莫涛：《巴拉萨汇率理论的一个修正》，《金融研究》2009年第10期。

姜建清：《美国银行业的电子化发展与分支机构收缩》，《中国金融》1996年第3期。

金维虹、邵伏军：《沪、粤、深商业银行实行资产负债比例管理调查》，《金融研究》1995年第2期。

金雪军、王义中：《理解人民币汇率的均衡、失调、波动与调整》，《经济研究》2008年第1期。

金中夏、陈浩：《利率平价理论在中国的实现形式》，《金融研究》2012年第7期。

金中夏、洪浩：《国际货币环境下利率政策与汇率政策的协调》，《经济研究》2015年第5期。

李超：《国际货币基金组织资本流动管理框架的转变及其启示》，《国际经济评论》2013年第5期。

李超：《国际收支新形势下的外汇管理》，《中国金融》2011年第20期。

李成瑞：《财政，信贷平衡和国民经济的综合平衡》，《经济研究》1981年第4期。

李禾：《购买力平价论》，《中国社会科学》1985年第6期。

李禾：《关于人民币汇率改革的研究》，《管理世界》1987年第2期。

李敏：《金融科技的系统性风险：监管挑战及应对》，《证券市场导报》2019年第2期。

李天栋：《人民币汇率政策的目标与条件——基于经济增长视角的研究》，《国际贸易》2006年第6期。

李文红、蒋则沈：《金融科技发展与监管：一个监管者的视角》，《金融监管研究》2017年第3期。

李文红、蒋则沈：《分布式账户、区块链和数字货币的发展与监管研究》，《金融监管研究》2018年第6期。

李晓、付争：《香港人民币离岸市场的发展与预期风险》，《世界经济研究》2011年第9期。

李扬、殷剑峰：《开放经济的稳定性和经济自由化的次序》，《经济研究》2000年第11期。

李扬、余维彬：《人民币汇率制度改革：回归有管理的浮动》，《经济研究》2005年第8期。

李扬：《对金融改革若干理论问题的探讨》，《金融研究》1994年第1期。

李扬：《外汇体制改革与中国的金融宏观调控》，《国际经济评论》1997年第3期。

李扬：《为高新技术企业发展提供金融支持体系》，《财经界》2000年第6期。

李扬：《中国经济对外开放过程中的资金流动》，《经济研究》1998年第2期。

李一芝：《苏联金融理论若干问题与改革》，《中南财经政法大学学报》1986年第6期。

李真：《人民币国际化语境下的离岸金融：战略定位与监管范径》，《云南大学学报法学版》2015年第2期。

林晓轩：《区块链技术在金融业的应用》，《中国金融》2016年第8期。

林振锋、王东辉、张基峰：《我行对信贷资产风险管理所作的尝试》，《华北金融》1997年第2期。

刘纪显、张宗益：《货币政策的粘性均衡汇率效应模型及人民币汇率定价的弹性分析》，《数量经济技术经济研究》2006年第10期。

刘澜飚等：《互联网金融发展及其对传统金融模式的影响探讨》，《经济学动态》2013年第8期。

刘明康：《中国特色银行业监管的理论与实践》，《中国金融》2011年第13期。

刘墨海：《人民币汇价问题》，《经济研究》1988年第11期。

刘强：《网上银行——21世纪的银行》，《上海金融》1998年第2期。

刘艺欣：《论我国外汇储备规模的适度性》，《当代经济研究》2006年第4期。

刘易：《交通银行风险管理的几个重点》，《新金融》1998年第6期。

卢锋、韩晓亚：《长期经济成长与实际汇率演变》，《经济研究》2006年第7期。

陆前进：《参考一篮子货币的人民币汇率形成机制研究——基于人民币有效汇率目标的分析》，《财经研究》2010年第4期。

路妍、林乐亭：《危机后国际货币体系非均衡性对中国外汇储备的影响研究》，《宏观经济研究》2014年第1期。

马骏：《人民币离岸市场发展对境内货币和金融的影响》，《国际融资》2011年第5期。

马骏：《人民币离岸市场与资本项目开放》，《金融发展评论》2012年第4期。

马理、朱硕：《区块链技术在支付结算领域的应用与风险》，《金融评论》2018年第4期。

梅新育：《国际收支、汇率与增长的政策选择》，《中国金融》2012年第13期。

穆志谦：《国际收支将持续趋于平衡——对话国家外汇管理局副局长王小奕》，《中国外汇》2014年第13期。

牛锡明：《我国商业银行贷款风险度管理的理论研究》，《经济研究》1998年第3期。

潘英丽、吴君：《体现国家核心利益的人民币国际化推进路径》，《国际经济评论》2012年第3期。

裴平、张谊浩：《人民币外溢及其经济效应》，《国际金融研究》2005年第9期。

裴长洪：《进口贸易结构与经济增长：规律与启示》，《经济研究》2013年第7期。

齐琦部：《论中国汇率制度的选择》，《金融研究》2004年第2期。

秦朵、何新华：《人民币失衡的测度：指标定义、计算方法及经验分析》，《世界经济》2010年第7期。

邱兆祥、刘永元：《金融科技发展对金融稳定的影响及对策研究》，《教学与研究》2019年第2期。

尚明、詹武：《外汇牌价下降与对外贸易》，《中国金融》1950年第1期。

申铉松：《汇率与全球流动性传导》，《中国金融》2016年第5期。

施建淮、余海丰：《人民币均衡汇率与失调：1991—2004》，《经济研究》2005年第4期。

石武：《试论人民币在马克思主义货币理论上的根据》，《经济研究》1957年第2期。

史道源：《战后资本主义国家的汇率制度》，《国际贸易问题》1977年第5期。

松野周治：《全球金融危机后国际收支结构性变化下的东北亚经济合作》，《社会科学战线》2014年第1期。

孙国峰、李文喆：《货币政策、汇率和资本流动——从"等边三角形"到"不等边三角形"》，中国人民银行工作论文 No.2017/3，2017年3月30日。

孙国峰、孙碧波：《人民币均衡汇率测算：基于DSGE模型的实证研究》，《金融研究》2013年第8期。

孙国峰：《资本输出：人民币国际化的战略选择》，《比较》2014年第6期。

孙茂辉：《人民币自然均衡实际汇率：1978—2004》，《经济研究》2006年第11期。

谭小芬、龚力丹、杨光：《非贸易品相对价格能解释人民币双边实际汇率的波动吗》，《国际金融研究》2015年第8期。

唐清萍：《新形势下香港人民币离岸市场的发展路径探析》，《中国商论》2015年第4期。

唐翔：《"富人社区效应"还是巴拉萨—萨缪尔森效应？——一个基于外生收入的实际汇率理论》，《经济研究》2008年第5期。

唐旭、钱士春：《相对劳动生产率变动对人民币实际汇率的影响——哈罗德—巴拉萨—萨缪尔森效应实证研究》，《金融研究》2007年第5期。

汪涛、胡志鹏、翁晴晶：《变化的国际收支与波动的资本流动》，《银行家》2013年第6期。

王爱俭、林楠：《虚拟经济与实体经济视角下的人民币汇率研究》，《金融研究》2010年第3期。

王彬、马文涛、刘胜会：《人民币汇率均衡与失衡：基于一般均衡框架的视角》，《世界经济》2014年第6期。

王朝阳、王文汇：《中国系统性金融风险表现与防范：一个文献综述的视角》，《金融评论》2018年第10期。

王春英：《夯实做市商制度建设　协力推进外汇市场发展》，《中国货币市场》2014年第7期。

王东民：《经济起飞阶段的汇率政策问题》，《管理世界》1986年第6期。

王国刚：《"一带一路"：基于中华传统文化的国际经济理论创新》，《国际金融研究》2015年第7期。

王国刚：《从互联网金融看我国金融改革新趋势》，《红旗文稿》2014年第8期。

王国刚：《人民币国际化的冷思考》，《国际金融研究》2014年第4期。

王丽春：《香港人民币离岸市场发展研究》，《经济论坛》2015年第4期。

王群琳：《中国外汇储备适度规模实证分析》，《国际金融研究》2008年第9期。

王曦、才国伟：《人民币合意升值幅度的一种算法》，《经济研究》2007年第5期。

王雪、陈平：《人民币跨境结算模式的比较与选择》，《上海金融》2013年第9期。

王义中：《人民币内外均衡汇率：1982—2010年》，《数量经济技术经济研究》2009年第5期。

王元龙：《人民币资本项目可兑换与国际化的战略及进程》，《中国金融》2008年第10期。

王泽填、姚洋：《结构转型与巴拉萨—萨缪尔森效应》，《世界经济》2009年第4期。

王泽填、姚洋：《人民币均衡汇率估计》，《金融研究》2008年第12期。

王振中：《汇价水平的变化与对外经济的发展》，《经济研究》1986年第5期。

魏伦：《中国货币的影响力之路》，《国际金融》2015年第7期。

魏尚进:《我国汇率制度改革新探》,《世界经济文汇》1986年第5期。

闻岳春、陈翀:《我国网络银行发展探讨》,《金融研究》1999年第10期。

吴念鲁:《外汇储备管理沿革记忆》,《中国金融》2014年第19期。

吴念鲁、杨海平、陈颖:《论人民币可兑换与国际化》,《国际金融研究》2009年第11期。

吴念鲁、任康钰:《对外汇储备本质的探讨——对外债权与国民财富的辨析》,《国际金融研究》2013年第5期。

吴思、刘波:《全面风险管理核心方法——RAROC技术研究述评》,《金融经济》2007年第20期。

伍戈、陆简:《全球避险情绪与资本流动——"二元悖论"成因探析》,《金融研究》2016年第11期。

伍戈、杨凝:《离岸市场发展对本国货币政策的影响:一个综述》,《金融研究》2013年第10期。

伍戈、杨凝:《人民币跨境流动与离岸市场货币创造:兼议对我国货币政策的影响》,《比较》2015年第4期。

武剑:《我国外汇储备规模的分析与界定》,《经济研究》1998年第6期。

夏斌:《关于当前人民币汇率调整策略的思考》,《中国金融》2007年第15期。

肖朝庆:《卅年来我国对苏联、东欧国家国际收支结算的演变》,《金融研究》1981年第5期。

肖立晟、陈思羽:《中国国际投资头寸表失衡与金融调整渠道》,《经济研究》2013年第7期。

肖立晟、刘永余:《人民币非抛补利率平价为什么不成立:对4个假说检验》,《管理世界》2016年第7期。

肖立晟:《香港人民币国际化调研报告》,《开发性金融研究》

2015年第1期。

肖崎、林媛：《我国国际收支状况与人民币国际循环机制》，《新金融》2013年第11期。

谢伏瞻等：《改革开放40年汇率改革理论与实践探索》，《经济学动态》2018年第9期。

谢建国、张炳男：《人口结构变化与经常项目收支调整：基于跨国面板数据的研究》，《世界经济》2013年第9期。

谢平、邹传伟：《互联网金融模式研究》，《金融研究》2012年第12期。

邢英、王建：《商业银行风险管理技术研究概述》，《中国金融》2010年第11期。

熊贤良：《人民币市场汇率及我国经济的内外部平衡》，《管理世界》1995年第3期。

徐建炜、徐奇渊、黄薇：《央行的官方干预能够影响实际汇率吗？》，《管理世界》2011年第2期。

徐诺金：《论我国金融生态问题》，《金融研究》2005年第2期。

徐晟、李源：《金融机构一体化集成风险管理技术与系统》，《统计与决策》2012年第3期。

徐炜：《当代美国银行业的重要变革》，《开放导报》1997年第10期。

徐振东：《巴塞尔协议持续改进，引领全面风险管理变革》，《国际金融》2019年第5期。

杨东：《防范金融科技带来的金融风险》，《红旗文稿》2017年第8期。

杨东：《监管科技：金融科技的监管挑战与维度建构》，《中国社会科学》2018年第5期。

杨小军：《当前国际货币体系新特征与人民币国际化》，《上海金融》2008年第11期。

杨长江、钟宁桦：《购买力平价与人民币均衡汇率》，《金融研究》2012年第1期。

姚斌：《人民币汇率制度选择的研究——基于福利的数量分析》，《经济研究》2007年第1期。

姚长辉：《论2000年我国国际收支策略的调整》，《金融研究》1999年第12期。

易纲：《汇率制度的选择》，《金融研究》2000年第9期。

易纲、汤弦：《汇率制度"角点解假设"的一个理论基础》，《金融研究》2001年第8期。

殷剑峰：《人民币国际化："贸易结算+离岸市场"，还是"资本输出+跨国企业"？——以日元国际化的教训为例》，《国际经济评论》2011年第4期。

余永定、张明：《资本管制和资本项目自由化的国际新动向》，《国际经济评论》2012年第5期。

余永定：《国际收支结构变动的理论和实践及其对中国的政策含义》，《科学发展》2014年第7期。

余永定：《再论人民币国际化》，《国际经济评论》2011年第5期。

袁申国、陈平、刘兰凤：《汇率制度、金融加速器和经济波动》，《经济研究》2011年第1期。

袁鹰：《开放经济条件下我国货币政策规则的选择与运用》，《金融研究》2006年第11期。

张斌、王勋：《中国外汇储备名义收益率与真实收益率变动的影响因素分析》，《中国社会科学》2012年第1期。

张斌：《人民币汇率重估与汇率制度改革——基于均衡汇率理论的视角》，《管理世界》2004年第3期。

张承惠：《实现三个转变构建金融新生态》，《农村金融研究》2017年第11期。

张茂：《现代科技与金融创新》，《科学学与科学技术管理》1996年第5期。

张明:《国际收支改善的原动力》,《中国外汇》2013年第3期。

张明:《中国国际收支双顺差:演进前景及政策涵义》,《上海金融》2012年第6期。

张萍:《利率平价理论及其在中国的表现》,《经济研究》1996年第10期。

张群发:《美元霸权和人民币国际化》,《经济经纬》2008年第2期。

张贤旺:《离岸金融中心在人民币国际化过程中的角色》,《山东大学学报》(哲学社会科学版)2014年第5期。

张晓朴:《关于人民币汇率机制中长期改革的几点思考》,《管理世界》2000年第1期。

张晓朴:《系统性金融风险研究:演进、成因与监管》,《国际金融研究》2010年第7期。

张祎:《基于互联网的电子支付系统》,《商业经济与管理》2001年第5期。

张勇:《热钱流入、外汇冲销与汇率干预——基于资本管制和央行资产负债表的DSGE分析》,《经济研究》2015年第7期。

张宇燕:《人民币国际化:赞同还是反对》,《国际经济评论》2010年第1期。

赵岳、谭之博:《电子商务、银行信贷与中小企业融资》,《经济研究》第7期。

赵志君、陈增敬:《大国模型与人民币对美元汇率的评估》,《经济研究》2009年第3期。

郑联盛:《中国互联网金融:模式、影响、本质与风险》,《国际经济评论》2014年第5期。

周八骏:《论我国国际收支管理的目标模式》,《金融研究》1986年第5期。

周林:《浮动汇率和西方大国宏观经济政策的协调》,《金融研究》1987年第8期。

周小川:《关于改革国际货币体系的思考》,《中国金融》2019年第7期。

周小川:《人民币资本项目可兑换的前景和路径》,《金融研究》2012年第1期。

周宇:《互联网金融:一场划时代的金融变革》,《探索与争鸣》2013年第9期。

周宇:《论汇率贬值对人民币国际化的影响——基于主要国际货币比较的分析》,《世界经济研究》2016年第4期。

祝国平、刘力臻、张伟伟:《货币国际化进程中的最优国际储备规模》,《国际金融研究》2014年第3期。

宗良、李建军:《人民币国际化的目标与路线图》,《中国金融》2012年第13期。

报纸

陈果静:《促进国际收支基本平衡仍面临挑战》,《经济日报》2014年4月5日。

陈静:《区块链:能否推开信任的大门?》,《经济日报》2018年4月18日。

陈元:《对我国社会主义市场经济体制建设的一项重大贡献——重温江泽民同志〈实现金融管理电子化〉有感》,《人民日报》2013年4月11日第8版。

胡晓炼:《资本项目可兑换与人民币跨境使用》,《第一财经日报》2012年11月29日。

《习近平在中共中央政治局第十三次集体学习时强调,深化金融供给侧结构性改革增强金融服务实体经济能力》,《人民日报》2019年2月23日第1版。

易纲:《通过汇率变化平衡国际收支》,《经济参考报》2014年1月13日。

殷剑峰:《"互联网金融"的神话与现实》,《上海证券报》2014年4月22日。

尹志超、余颖丰：《重视金融科技在金融发展中的作用》，《光明日报》2018年11月20日第11版。

张茉楠：《国际收支新常态决定未来政策走向》，《经济参考报》2014年10月30日。

郑尹莎：《力促国际收支平衡》，《瞭望》2013年10月29日。

《中央经济工作会议在北京举行》，《人民日报》2014年12月12日第1版。

周小川：《完善法律制度，改进金融生态》，《金融时报》2004年12月7日。

  学位论文

崔鸿雁：《建国以来我国金融监管制度思想演进研究》，博士学位论文，复旦大学，2012年。

李镔楠：《金融生态环境实证研究——以南充市为例》，硕士学位论文，西南财经大学，2012年。

王忠生：《我国金融监管制度变迁研究》，博士学位论文，湖南大学，2008年。

魏倩：《中国金融管制的历史与变革》，博士学位论文，复旦大学，2007年。

  网址

胡晓炼：《生产要素价格调整与汇率机制改革的配合关系》，中国人民银行网站，http：//www.pbc.gov.cn/，2010年7月28日。

《人民币兑美元汇率中间价报价行中间价报价自律规范》（汇律发〔2017〕11号），中国货币网，http：//www.chinamoney.com.cn。

《外汇管理概览》，国家外汇管理局网站，http：//www.safe.gov.cn。

《2019年人民币国际化报告》，中国人民银行网站，http：//www.pbc.gov.cn/。

周小川:《周小川行长接受〈财新周刊〉专访》,中国人民银行网站,http://www.pbc.gov.cn/,2016年2月13日。

二 英文文献

Publications

Caves, Richard, Jeffery A. Frankel, Ronald W. Jones, *World Trade and Payments: An Introduction* (10e), Pearson Education, 2007.

Cohen, B., *The Future of Sterling as an International Currency*, London: Macmillan, 1971.

Dornbusch, Rudiger, Stanley Fishcer, Richard Startz, *Macroeconomics* (12e), McGraw-Hill Education, 2014.

Krugman, Paul, Maurice Obstfeld, Marc J. Melitz, *International Finance: Theory and Policy* (10e), Pearson Education, 2015.

Newman, Perter, Murray Milgate, John Eatwell, *The New Palgrave Dictionary of Money and Finance*, Macmillan Press Limited, 1992.

Obstfeld, Maurice and Kenneth Rogoff, *Foundation of International Macroeconomics*, Massachusetts Institute of Technology, 1996.

Williamson, J., "What Washington Means by Policy Reform", in J. Williamson, ed., *Latin American Adjustment: How Much Has Happened?* PIIE, 1990.

Papers

Acharya, V., "A Theory of Systemic Risk and Design of Prudential Bank Regulation", *Journal of Financial Stability*, 2009, 5.

Allen, F. & E. Carletti, "What Is Systemic Risk?", *Journal of Money Credit and Banking*, 2013, 45.

BIS, BIS Quarterly Review December 2016 – International Banking and Financial Market Developments, BIS Report, 2016.

Chinn, Menzien and Jeffrey Frankel, "Will the Euro Eventually Surpass the Dollar as Leading International Reserve Currency?", NBER Working Paper, 2005, No. 11510.

Diamond, D. & P. Dybvig, "Bank Runs, Deposit Insurance, and Liquidity", *Journal of Political Economy*, 1983, 91.

Dong, J. and L. Xia, "A Tale of Two Markets for the Redback", *China Economic Watch*, 25 Jan, 2016, BBVA Research.

Frankel, Jeffery, "China Is Not yet Number One", *Frontiers of Economics in China*, March 2015, 10, No. 1.

Hart, O. & L. Zingales, "How to Avoid a New Financial Crisis", Working Paper, 2009.

IMF, BIS, FSB, "Guidance to Assess the Systemic Importance of Financial Institutions, Markets and Instruments: Initial Considerations", Work Report, 2009.

Kupiec, P. & D. Nickerson, "Assessing Systemic Risk Exposure from Banks and GSEs under Alternative Approaches to Capital Regulation", *Journal of Real Estate Finance and Economics*, 2004, 28.

Lopez-Claros, Augulsto, Michael E. Porter and Klaus Schwab, *The Global Competiveness Report* 2006–2007, World Economic Forum, 2007.

Minsky, H., "Financial Interlinkages and Systemic Risk", *Journal of Financial Services Research*, 1982, 80.

Rey, Hélène, "Dilemma Not Trilemma: The Global Financial Cycle and Monetary Policy Independence", Proceedings-Economic Policy Symposium-Jackson Hole, 2013.

Rodrik, D., "The Real Exchange Rate and Economic Growth", *Brookings Papers on Economic Activity*, 2008, 2.

Williamson, J., "Exchange Rate Policy and Development", Paper

Presented to a Conference of Institute for Policy Dialogue in June 2003.

Williamson, John, "Exchange Rate Economics", *Open Economies Review*, 2009, 20 (1).